Ich mag den herzhaften Krebs

Ich mag den herzhaften Krebs

Heiter-Besinnliches
über einen
unverwechselbaren
Menschen

Scherz

Zusammengestellt von
Hedwig Rottensteiner

Scherz Verlag, Bern, München, Wien

Inhalt

Bewohner zweier Welten

Der Krebs wird vom *Mond* regiert. Die ständig wechselnden Phasen des Mondes sind darum auch ein passendes Bild für die ständige Ebbe und Flut der Stimmungen, Wünsche, Gefühle, Ängste und Intuitionen, die dieses scheinbar so solide und konservativ-bewahrende Gemüt durchspülen. Der Krebs weiß alles über das Bewahren. Der Krebs wird sorgsam alle zarten Gefühle hinter einem stachelbewehrten Wall aus Andenken, Erinnerungsstücken, Aktien, Versicherungspolicen, alten Fotografien, Tradition und Status quo verbergen und schützen. Letzteres allerdings nur dann, wenn der Status quo «mich und die Meinen» beschützt.

Der Krebs ist von alters her das Zeichen der Familie. Das heißt nicht notwendigerweise, daß jeder Krebs sich eine Familie wünscht oder sie haben sollte. Viele Krebse sind, entgegen der allgemeinen Meinung, überhaupt nicht häuslich. Sie brauchen keine Blutsbande. Aber das Gefühl, mit der Vergangenheit verbunden zu sein, ist für den Krebs äußerst wichtig. Die Vergangenheit ist für den Krebs oft wichtiger als die Gegenwart, weil sie bekannt und darum sicherer ist. Wo es eine Vergangenheit gibt, kann es auch eine sichere Zukunft geben. Fest mit der Erde verbunden, kann der Krebs sich seinem Forscherdrang hingeben, seinem Wanderinstinkt und seiner Wandelbarkeit. Er weiß, daß er einen Ort hat, zu dem er zurückkehren kann. Der Krebs hat dynastische Gefühle. Er weiß, daß er ein Abkömmling ist, und empfindet es als Verantwortung, selber die Reihe fortzusetzen. Das historische Interesse ist ebenfalls typisch für dieses Zeichen und Teil seines Bedürfnisses nach Fortdauer. Ein entwurzelter Krebs ist ein unglückliches Wesen, bis es ihm gelingt, wieder Fuß zu fassen, entweder in einer neuen Familie, in einer Freundesgruppe oder auf beruflicher Basis. Findet er das nicht, verkriecht er sich noch tiefer in seinen Panzer, bis er völlig von der eigenen Zukunftsangst und dem Schrecken vor dem Unbekannten eingekerkert ist.

Aus dem Verhalten des Schalentiers Krebs in der Natur läßt sich viel über das Sternzeichen lernen. Erstens bewegt es sich nie direkt auf sein Ziel zu, sondern umrundet es, damit es aussieht, als wolle es in Wirklichkeit in eine ganz andere Richtung. Aber wenn es dann nach der Beute greift und die Scheren sich fest schließen, läßt es nicht mehr los. Kämpfen wird der Krebs jedoch nicht; er ist nicht aggressiv. Er steckt Hiebe und Stöße und jegliche Art von schlechter Behandlung ein. Er hält einfach fest.

Der Krebs ist ein Zeichen mit Instinkten, das die eigenen Motive nicht gern analysiert und auch nicht direkt die Initiative ergreift. Das könnte ihn ja einer Zurückweisung aussetzen, einer Erniedrigung oder gar der Lächerlichkeit. Um einen Krebs an den Rand des Entsetzens zu bringen, muß man ihn nur mit Dingen wie Zurückweisung, Erniedrigung oder Gesichtsverlust bedrohen. Der Krebs ist so empfindlich, so verwundbar durch das, was andere von ihm halten, so gelähmt von der öffentlichen Meinung, daß er sich kaum jemals in eine Situation begibt, in der er solchen Dingen ausgesetzt ist. Daher rührt sein oft falsch ausgelegtes kühles Wesen. Er ist nicht kühl.

Er muß sich nur selbst schützen. Es ist nie der Krebs, der sich betrinkt und mit dem Lampenschirm auf dem Kopf eine Solovorstellung gibt. Es sei denn, er vertraue allen Anwesenden bis ins letzte. Dann allerdings ist alles möglich.

Es wird behauptet, Krebse manipulierten gern. Das ist absolut wahr, hat aber ziemlich komplizierte Gründe. Als Wasserzeichen hat der Krebs die große Gabe, sehr geschickt Gefühle einsetzen zu können, seine eigenen und die anderer. Das plant er jedoch nicht als Strategie, wie es die Luftzeichen tun würden. Er tut es mit wunderbarer, instinktiver Anmut, die sich immer der Situation anpaßt. Statt aggressiv und offen auf ein Ziel zuzusteuern, nimmt er lieber Einfluß auf die Atmosphäre und die Gefühle der anderen Menschen, um sie auf sein Interesse zu lenken. Diese Fähigkeit, Menschen zusammenzubringen und Streit auszubügeln, kommt im Umgang mit Kindern besonders gut zur Geltung. Ein Krebs wird niemals ein Kind unterjochen oder zuviel Autorität einsetzen. «Mach das, weil ich es sage» ist kein Satz, der dem Krebs liegt, während der Skorpion, Widder und Löwe ihn häufig anwenden werden. Der Krebs lenkt sanft, so daß man in der Hälfte der Fälle glaubt, es sei die eigene Idee gewesen. Feinfühligkeit ist eine der Haupteigenschaften des Krebses.

Wie bei jeder menschlichen Gabe gibt es auch hier zwei Seiten. Die Kehrseite zeigt sich, wenn der Krebs den sanften Druck seelischer Erpressung einsetzt, damit andere das tun, was er will. Der Krebs ist ein Meister der Kunst, in anderen Schuldgefühle wachzurufen. Ein unsicherer Krebs, der sich an einen Menschen hängen oder in einer Situation verharren will, weil sie ihm Sicherheit geben, wird oft diese tödliche Waffe einsetzen, um sein Ziel zu erreichen. Er spielt die Rolle des Märtyrers.

Der Krebs wird keine Hemmungen haben, ein schwaches Herz, Migräne oder den berühmten alten Satz: «Willst du mich umbringen?» einzusetzen. Die Märtyrerrolle wird von Ehemännern, Kindern, Ehefrauen, Freunden und Freundinnen und sogar von Chefs gespielt. Wenn Krebsen die Isolation oder der Verlust eines geliebten Menschen droht – durch Unabhängigkeit, Entfernung oder Ähnliches –, verwandeln sie sich gern in Märtyrer. Das ist kein feiner Zug.

Der Krebs braucht es, gebraucht zu werden, zu lieben, zu hegen, zu pflegen und zu hätscheln. Und in irgendeiner Form die Rolle der Mutter zu spielen. (Das trifft auch auf die Krebs-Männer zu.) Wichtig ist, dieses Ziel auch auf anderer Ebene als der rein biologischen zu finden, ein anderes Ventil zu suchen, möglichst eine kreative Betätigung. Die Empfindsamkeit, die Sanftheit und die leichte Hand dieses tiefen und subtilen Zeichens können ebenso nutzbringend und produktiv auf ein Projekt, ein Geschäft, das Heim, ein Kunstwerk, auf Lyrik, Tiere oder einen Garten gerichtet werden. Wenn sich all seine Kräfte über einen geliebten Menschen ergießen, ist es nur natürlich, daß dieser Mensch rebelliert oder sich in sich zurückzieht, ohne zu verstehen, warum er so reagiert. Für seine seelische Erpressung bezahlt der Krebs einen tragisch hohen Preis: Der geliebte Mensch wird am Ende zu seinem Feind.

Wenn ein Einsiedlerkrebs aus seiner Behausung herauswächst – was unvermeidlich geschieht –, muß er eine größere suchen und zieht unter größten Sicherheitsmaßnahmen in sie um. Denn unter seiner Schale ist der Krebs ein wehrloses und leicht verwundbares Tier. Der normale Krebs, der die Schale wechselt, muß sich tief im Sand verstecken, bis diese neue Schale hart geworden ist. Auch Krebs-Menschen haben solche Zyklen, während derer sie sich nach einer Wandlung und einer Periode neuen Wachstums zurückziehen müssen. Überrascht man sie oder drängt sich ihnen auf, wenn sie ihre stille Phase haben, kann man sie schwer verwunden. Werden sie in der Kindheit verletzt, verkriechen sie sich in eine zu kleine Schale, aus der sie manchmal nie wieder herauskommen. Es dauert lange, bis ein einmal verwundeter Krebs wieder vergißt.

Der Krebs ist weder Wasser- noch Landbewohner; er lebt auf der Grenze. In menschliche Begriffe übersetzt heißt das: auf der einen Seite auf dem trockenen Land der wirklichen Welt mit Rechnungen, Grundbesitz, Verantwortlichkeit, Bindungen, Tatsachen; auf der anderen Seite in der unauslotbaren Tiefe des Ozeans seiner Phantasie. Der Krebs gehört in beide Welten. Er muß für beide Zeit haben – Zeit, um seine geheimen Träume und Sehnsüchte in den unruhigen Gewässern seiner inneren Natur reifen zu lassen, und Zeit, um in der Welt einen sicheren Fluchtort zu errichten. Der Krebs ist ein kompliziertes Zeichen, und er hat eine komplizierte Persönlichkeit. Es ist beinahe unmöglich, einen Krebs dazu zu bewegen, sich selbst zu analysieren oder seine tiefsten Geheimnisse offenzulegen. Die populäre Astrologie bezeichnet meist den Skorpion als geheimnisvollstes Zeichen. Aber der Skorpion ist absichtlich geheimnisvoll. Er weiß, daß er sich zu seiner Sicherheit tarnen muß. Für den Krebs hingegen ist dies seine zweite Natur. Er ist voller keimender Samen, die Dunkelheit, Sicherheit und Stille brauchen. Er zieht sich von Natur aus zurück, nicht aus Überlegung. Darauf muß man Rücksicht nehmen. Es lohnt sich, auf die Früchte seiner schöpferischen Pause zu warten.

Der Mythos des Krebses wird durch ein Wort gekennzeichnet: Mutter. Die Mutter ist nicht nur die Frau, die einen geboren, genährt und aufgezogen hat. Sie ist auch das, was die Tiefenpsychologie einen Archetyp nennt, ein Symbol für eine angeborene, allen Menschen gemeinsame Lebenserfahrung. Sie kann für das Glück, die Sicherheit und Wärme einer behüteten Kindheit stehen. Sie kann aber auch für überwältigende, besitzergreifende Emotion stehen, die das Kind zu ersticken droht. Sie kann stark und erhaltend sein, aber auch zerstörerisch und dunkel.

Für den Krebs ist die Erfahrung der Mutter in all ihren Formen in seinem Inneren verankert. Er wird der Mutter nie ganz entfliehen, denn er muß selbst lernen, Mutter zu werden. Am Anfang und am Ende seines Lebens steht diese machtvolle Gestalt – die Gefühle, die Vergangenheit, die Kindheit und die Sicherheit repräsentierend, nach der er so sehr strebt. Die Mutter ist für den Krebs immer ein Rätsel. Man begegnet Krebsen, die überhaupt keinen Familiensinn zu haben scheinen. Familie ist für sie etwas Störendes, nichts, an das sie sich gebunden fühlen. Bei diesen Fällen kann man sehr sicher sein, daß es Kindheitserinnerungen gibt, die dieser Krebs gern vergessen würde. Viele Krebse sind ständig auf Wanderschaft, immer auf der Suche, irgendwo Wurzeln zu schlagen. Oft rennen sie davon – vor der Vergangenheit, vor der Kindheit, vor der Mutter.

Der Krebs ist ein Zeichen der Phasen und der Zyklen. Jeder einzelne Krebs durchläuft diese Gezeiten von Lebenskraft, Kreativität, Freude und Schmerz sein ganzes Leben lang. Er steht den Naturgewalten unserer Erde näher als jedes andere Zeichen; viele Krebse leiden ganz konkret unter dem Wechsel des Klimas und der Jahreszeiten und fallen in eine Art Winterschlaf. Sie können leicht depressiv, lustlos oder energielos werden. Wenn dann der Frühling kommt, erwachen sie zu neuem Leben.

Viele Krebse sind äußerst phantasievoll und kreativ.

Der kreative Krebs holt aus Tiefen, die er selbst kaum versteht, etwas ans Licht. Er schöpft aus dem Stoff seiner Träume, Visionen, Phantasien und Gefühle. Sobald es in Form gebracht ist, endet diese Phase. Dann mag er sich eine Weile deprimiert und leer fühlen. Das ist der Winter. Doch bald ist er wieder schöpfungsfähig. Woher er die Kraft nimmt, ist das Geheimnis. Kein wahrer Künstler kann erklären, wo die Quelle seiner Inspiration liegt. Er bewohnt gleich dem Krebs das Stück Sand zwischen dem geheimnisvollen Meer und dem trockenen Land des gewöhnlichen Lebens. Ideen und Bilder fließen ihm zu, und er gibt ihnen Leben. Dann kommt die Ebbe, und er ist eine Zeitlang gestrandet; und dann wiederholt sich alles.

Der Krebs kann jede Rolle spielen – er ist der geborene Schauspieler, und sein Sinn für Tarnung und Selbstschutz zwingt ihn in jeder Situation menschlichen Zusammenlebens zu einem Rollenspiel. Er kann albern, fröhlich, launisch, jämmerlich, mürrisch und eingeschnappt sein, zärtlich, leidenschaftlich, zurückhaltend oder ekstatisch. Man kann nie voraussehen, wie er am Morgen aufwachen wird. Aber unter dem Kaleidoskop der wechselnden Gefühle und Stimmungen, unter dem harten Rückenschild, den er einer unfreundlichen Welt zeigt, vollzieht sich der ewige Zyklus von Tod und Wiedergeburt, von Winter, Frühling, Sommer und Herbst. Aus diesem Grund ist es für den Krebs so wichtig, schöpferisch zu sein und sich emotionell ausdrücken zu können. Er kann den geheimen Rhythmus, dem er folgt, nicht erklären. Es ist der Rhythmus des Meeres, des Mondes und der Gezeiten. Man erwarte nicht vom Krebs, daß er beständig ist. Das wird er nicht sein, wenn er sich die Beständigkeit nicht als Maske gewählt hat, unter der er sich versteckt, weil er unter dem Druck der Meinungen anderer leidet. Der echte Krebs ist ein launisches Wesen, das nicht erklären kann, warum es sich so fühlt, wie es sich fühlt. Aber warum sollte er es auch erklären? Die Natur schuldet uns keine Erklärungen. Entweder erkennen wir sie an, oder wir verlieren etwas sehr Kostbares.

Sein Geheimnis in der Liebe

Die harte Schale birgt einen weichen Kern

Die Krebs-Seele ist dem Kind in der Pubertät zu vergleichen, das zwischen Kindheit und Reife schwankt, sich danach sehnt, erwachsen zu werden, und doch noch zögert, zur anderen Seite überzuwechseln. Die sensible Seele des pubertären Kindes pendelt zwischen kindlicher Abhängigkeit und der verlokkenden Welt des Erwachsenseins hin und her. (Wie ist es wohl, Mann oder Frau zu sein?) In der symbolischen Pubertätsphase beobachtet die Krebs-Seele die Erwachsenen in der Umgebung, ist ungeheuer aufnahmefähig für alles Gesehene und Gehörte. Doch diese erwachsene, materielle Welt, die sie so intensiv beobachtet, bedeutet häufig auch Desillusionierung.

Und so sind die Träume des Krebses gestört und lassen ihn in der Nacht weinen; er holt seinen alten Teddybären aus dem Schrank und umarmt ihn, wenn niemand zusieht. Den Krebs verwirren seine wechselhaften Launen selbst ebenso wie seine Familie. Aber seine Ängste sind sehr real für ihn. Er befürchtet, daß Reife für ihn den Verlust an Sicherheit bedeutet, die er von seiner Familie, besonders aber von seiner Mutter, kennt. Werden Fremde jemals soviel Aufhebens um ihn machen oder ihn so bedingungslos lieben wie seine Mutter? Er beginnt zu argwöhnen, daß sie es nicht tun werden.

Unfähig, diese Befürchtungen zu erklären, wird der Krebs verschwiegen und träumt allein – oder er versteckt sich und schmollt und bildet sich ein, daß niemand ihn versteht. Der Krebs hat schon gelernt, was Verlust bedeutet. Vielleicht sind Freunde aus seinen Kindheitstagen umgezogen, hat die Familie die Wohnung gewechselt, ist die altvertraute Nachbarschaft verlorengegangen. Das Leben ist nicht mehr so aufregend, wenn der Krebs die verborgenen Fallen spürt. Der «pubertäre» Krebs-Mensch weiß, daß Erwachsenwerden auch unerwarteten Schmerz bringen wird, also klammert er sich an das, von dem er glaubt, er könne darauf vertrauen – das Gestern.

Da die neuen Wahrnehmungen so deutlich sind, sieht der Krebs im Leben eine Kombination von Tragödie und Komödie. Trotz ihrer angeborenen Schüchternheit wird sich die Krebs-Seele nicht in den Hintergrund drängen lassen, denn unerklärliche Furcht kann in vernünftige Vorsicht umgewandelt werden. Gefühle rühren die Seele des Krebses zu Tränen. Angetrieben von dem Verlangen, wahre Gefühle zu verbergen, wird er Witze machen und dabei glauben, die Leute täuschen zu können. Wenn er nicht zärtlich genug behandelt wird, kann der Krebs-Mann oder die Krebs-Frau eine harte und schützende Schale gegen die grausame Welt entwikkeln.

Die positiven Eigenschaften des Krebses sind Phantasie, Zähigkeit, Zärtlichkeit, Sensibilität, Fürsorge und Vorsicht. In der negativen Form kommen sie zum Ausdruck in Geiz, Reizbarkeit, Melancholie, übertriebener Anhänglichkeit und Feigheit, Besitzgier und Launenhaftigkeit.

Für den Krebs, wie auch für das unsichere und sentimentale Kind der Pubertät, ist die Liebe wichtig; er stellt sie über alles. Sie ist gleichbedeutend mit dem Heim, das emotionelle Sicherheit darstellt, und das Verlangen nach Liebe ist so groß, daß er glaubt, es vor anderen verbergen zu müssen.

Die dunklen Seiten

Er liebt den Klatsch – manchmal auch hintenrum

Die meisten Krebse sind sich, wenn auch undeutlich, bewußt, daß sie manchmal mit Gefühlen spielen. Sie werden es ungern zugeben oder darüber sprechen. Einer der Lieblingsaussprüche des Krebses heißt: «Muß man denn über alles reden? Manches sollte besser ungesagt bleiben.» Aber er ist nicht blind. Mit sicherem Instinkt kann er Gefühlsströmungen sehr gut erkennen – sogar die eigenen.

Die unbekannte Seite eines jeden Zeichens liegt in dem Element, das ihm genau entgegengesetzt ist. Die gefühlsorientierten Wasserzeichen haben eine geheime Seite, die den Luftzeichen ähnelt. Das sanfte, empfindsame, sympathische Wesen des Krebses – der erfreulichste Aspekt des Zeichens – zieht einen seltsamen Schatten hinter sich her: zerstörerische Kritik.

Normalerweise sind Krebs-Menschen voller Mitgefühl und schnell dabei, das schlechte Verhalten anderer, besonders der Familienmitglieder zu entschuldigen. Aber ein Krebs klatscht gerne. Bissig und boshaft, geht er klaren Meinungsverschiedenheiten oder offenen Auseinandersetzungen aus dem Weg und zerreißt sich hinterrücks das Maul. Er ist auch der Vater, der, ohne autoritär sein zu wollen, seinem Kind vorschreibt, wie es sein sollte. «Warum kannst du nicht wie Meiers Fritzchen sein, der weiß, was sich einem Vater gegenüber gehört?» Oder die Krebs-Mutter, die eifersüchtig auf die Tochter ist und vor einer Party sagt: «Ja, du siehst reizend aus ... So reizend, wie es unter den Verhältnissen möglich ist.» Es geht um die verschleierte Beleidigung, die verkleidete Kritik, die unter die Gürtellinie zielt, die herabwürdigen, verletzen und reizen soll. Er liebt den Klatsch – manchmal auch hintenrum. Meistens ist den Krebsen diese Seite nicht bewußt. Sie glauben gern von sich, daß sie freundlich, mitfühlend und verständnisvoll sind. Aber die Schattenseite aller Wasserzeichen ist unbarmherzig, kann auch grausam sein und kalt. Beim Krebs äußert sich der Schatten in Worten.

Was steckt dahinter? Für alle Wasserzeichen gilt: Am wichtigsten sind für sie die Kontakte zu anderen Menschen. Wasserzeichen sind ungern allein; sie ertragen es nicht, isoliert zu sein oder zurückgewiesen zu werden. Der Krebs, der intensive Gefühle braucht, hat die starke Tendenz, das Leben der von ihm geliebten Menschen zu leben. Er ist ein herrschsüchtiges Zeichen und ebenso besitzergreifend, wie es dem Skorpion nachgesagt wird. Aber er geht viel vorsichtiger vor. Um es zusammenzufassen: Der Krebs findet häufig den Sinn seines Lebens in den Menschen, die ihm nahestehen. Aber tief in ihm rebelliert etwas dagegen.

Groll – stiller, brodelnder, aber unauffälliger, ungeäußerter Groll – ist eines der größten Probleme aller Wasserzeichen. Beim Krebs kann dieser Groll geradezu kunstvoll werden. Unter all den Gefühlen von Liebe und Teilnahme liegt das nagende Unbehagen, gar nicht das eigene Leben zu leben. Das trifft besonders dann zu, wenn der Krebs pausenlos gibt und opfert, der geliebte Mensch sich aber entzieht, wenn die Rechnung präsentiert wird. Dann verwandelt sich der Groll in herbe Kritik. Er wird zu einem Racheakt, und es heißt: Ich habe ihm alles gegeben. Jetzt ist er mir etwas schuldig. Und wenn die Gegengabe ausbleibt, dann hat er nur verdient, daß man ihm seinen Platz zeigt.

Das hört sich ziemlich häßlich an – und ist es auch. Aber der Krebs kann dieses Übel an der Wurzel packen und positiv reagieren statt mit böser Kritik. Er muß lernen, sich um sich selbst zu kümmern, um seine eigenen Bedürfnisse und Wünsche. Je mehr er das tut, um so weniger Groll wird er in sich tragen.

Eine weitere merkwürdige Facette der Krebs-Natur ist die Art, in der er allgemeine Meinungen übernimmt, ohne sich um die Fakten zu kümmern. Ein, zwei kleine geeignete Informationen, und er wird mit der ganzen Wucht seiner Gefühle und Vorurteile einen Urteilsspruch fällen. Und das Urteil eines Krebses, das auf solchen halbverdauten Meinungen beruht, wird nicht nur falsch, sondern vernichtend sein. Es führt zur reinsten Voreingenommenheit. Aussprüche wie: «Alle sagen» oder «Jeder weiß» sind häufigste Ausdrucksweise des Krebses. Was er damit wirklich sagen will, ist: Ich schütze mich und die Meinen. Alles andere ist verdächtig.

Wie geht man nun mit dem Krebs-Schatten um, wenn er losgelassen ist? Manchmal ignoriert man ihn am besten. Im Grunde steckt ja keine böse Absicht dahinter. Manchmal jedoch muß man sich ihm stellen und klare Tatsachen ins Gespräch bringen. Denn wenn man das nicht tut, sinken die kleinen Widerhaken und Andeutungen zu tief ein. Der Krebs hat eine große seelische Macht, weil er die Gefühle anderer so gut deuten kann. Doch wie dunkel der Schatten auch sein mag, das Licht ist ebenso stark – das Mitgefühl, die Feinfühligkeit, die Zartheit, die Fürsorge. Das wiegt eine Menge auf.

Kleines Psychogramm

Die Gefühlswelt des Krebses ist komplex

Krebs-Geborene sind warmherzig, liebevoll und machen sich gern zum Beschützer für andere. Aber nur für jene, die ihnen lieb und teuer sind. Alle anderen mögen sich zum Teufel scheren. Jedenfalls vermittelt der Krebs oft diesen Eindruck. Fremde brauchen lange Zeit, um sein hartes Äußeres zu durchdringen. Freundschaften werden nicht leicht geschlossen. Ist es aber einmal soweit, dann gilt die Freundschaft für das ganze Leben. Die Neigung zum Abkapseln gegenüber Fremden sollte in den zwischenmenschlichen Beziehungen nicht übertrieben werden, sonst stößt man viele Leute vor den Kopf.

Im Gespräch läßt sich der Krebs viel zu oft von seinen Gefühlen fortreißen. Er versucht, seinen Standpunkt mehr nach dem Gefühl als mit Logik zu vertreten. Gegenüber anderen Wasserzeichen (Skorpion und Fische) kann das recht wirksam sein, die meisten anderen aber stört es. Der Krebs tendiert dazu, die emotionale Kraft und Eindringlichkeit einer Aussage mit ihrem Wahrheitsgehalt zu verwechseln. Das ist gefährlich. Meistens ist das Gegenteil der Fall. Je kühler und sachlicher eine Meinung vorgetragen wird, desto abgewogener und vernünftiger ist sie wahrscheinlich. Bleibt der Krebs-Geborene im Gespräch beherrscht und kühl, wird er besser überzeugen.

Dementsprechend anders fällt dann die Erwiderung des anderen aus.

Krebs-Menschen sind sehr empfindsam. Das ist im Normalfall ein positiver Zug. Aber man kann alles übertreiben. Jemand äußert etwas von seinem Standpunkt aus völlig Harmloses, ohne jeden üblen Hintergedanken – und der Krebs-Geborene erblickt darin eine persönliche Beleidigung. Er kehrt dem Betreffenden sofort den Rükken, lehnt jedes weitere Gespräch ab. Oder er bricht sogar manchmal einen Streit vom Zaun.

Bei Gesprächen mit Krebs-Geborenen sollte sich jeder Zeit dafür nehmen, eine gefühlsmäßige Beziehung herzustellen. Die brillanteste Konversation, angereichert mit originellen und einmaligen Informationen und vorgetragen mit erstklassiger, fehlerfreier Logik, kommt beim Krebs nicht an, wenn man seine Gefühlswelt außer acht läßt. Er nimmt dann einfach nicht auf, was man zu ihm sagt, und begreift das Gesagte nicht. Krebs-Menschen sollte man immer zeigen, daß man etwas für sie empfindet. Sie wollen von Wärme und guten Empfindungen umgeben sein, gleichsam darin baden. Erst dann werden sie sich mit einer ihnen vorgetragenen Meinung befassen, also kommunikationsbereit sein.

In Gesellschaft redet man mit ihnen am besten über Heim und Familie, über Probleme, die damit zusammenhängen, über die Befriedigung, die man aus der Sorge um beides bezieht. Alles, was damit zusammenhängt, ist für den Krebs interessant. Wenn man mit Krebs-Typen des jeweils anderen Geschlechtes spricht, ist körperliche Annäherung (Händchenhalten, Arm um die Schulter legen, den Rücken tätscheln) durchaus angebracht, sofern diese Körpernähe Ausdruck eines echten Gefühls und echter Anteilnahme ist.

H. G. Wells

Die verlorene Erbschaft

Mein Onkel», sagte der Mann mit dem Glasauge, «war das, was man einen Hemi-Semi-Demi-Millionär nennen könnte. Er war hundertzwanzigtausend Pfund schwer, gut und gern. Und mir hat er sein ganzes Geld vermacht.»

Meine Augen streiften seinen abgescheuerten Rockärmel und wanderten hinauf zum zerschlissenen Kragen.

«Jeden einzelnen Penny», sagte der Mann mit dem Glasauge, und ich fing einen Blick seines echten Auges auf, in dem etwas wie Ärger aufblitzte.

«Mir ist so ein Glücksfall nie passiert», sagte ich, bemüht, einen neiderfüllten Ausdruck in meine Stimme zu legen, um ihn zu versöhnen.

«Nicht einmal eine Erbschaft ist immer ein Segen», bemerkte er seufzend und steckte seine rote Nase und den struppigen Schnurrbart voll philosophischer Resignation eine Weile in das Glas.

«Vielleicht nicht», antwortete ich.

«Er war Schriftsteller, schrieb eine Menge Bücher.»

«Wirklich?»

«Das war ja das Unangenehme.» Er starrte mich mit seinem gesunden Auge an, zweifelnd, ob ich diese Bemerkung auch verstanden hatte, dann wandte er sein Gesicht etwas zur Seite und holte einen Zahnstocher.

«Wissen Sie», sagte er nach einer Pause schmatzend, «es war so. Er war mein Onkel mütterlicherseits. Und er – wie soll ich sagen – hatte eine Schwäche für die Abfassung erbaulicher Schriften. Schwäche ist eigentlich nicht der richtige Ausdruck dafür – eine regelrechte Manie, das trifft die Sache besser. Er war Bibliothekar in einem Polytechnikum, und kaum war er zu Geld gekommen, gab er auch schon seiner Schwäche nach. Für mich ist dies einfach unerklärlich und unfaßbar! Ein Mann, siebenunddreißig Jahre alt, plötzlich einen Haufen Geld – und tut nichts damit, nicht einen schönen Tag hat er sich gemacht. Man sollte doch glauben, daß sich so ein Kerl zuerst einmal elegant einkleidet – na ja, einige Dutzend Hosen von einem Schneider in West-End; aber nein! Sie werden es nicht für möglich halten, aber als er starb, besaß er nicht einmal eine goldene Uhr. Solche Leute dürften einfach kein Geld haben. Alles was er sich leistete, war ein Haus, in das er gleich fünf Tonnen Bücher, Tinte und Papier schaffen ließ, und dann machte er sich daran, erbauliche Schriften zu verfassen, verbissener als je zuvor. Ich kann das bis heute nicht verstehen, aber er hat's so gemacht. Das Geld hat er mit siebenunddreißig ebenfalls – seltsam genug – von einem Onkel mütterlicherseits, völlig unerwartet, geerbt. Es traf sich, daß meine Mutter seine einzige Verwandte war, abgesehen von einem Vetter zweiten Grades. Ich wiederum war ihr einziger Sohn. Können Sie folgen? Auch der Vetter zweiten Grades hatte nur einen einzigen Sohn, aber er brachte ihn zu früh zu dem Alten. Ein ziemlich verwöhnter Bengel, dieser Sohn, und er begann sofort, als er den Onkel sah, zu brüllen wie am Spieß. ‹Bringt ihn weg!› sagte der. ‹Bringt ihn weg!› – und damit war Schluß. Damit hatte ich freie Bahn. Meine Mutter, die eine vernünftige, weitblickende Frau war, hatte die Angelegenheit schon lange vor meinem Onkel bei sich entschieden.

Ein komischer Kauz, mein Onkel, soweit ich mich erinnern kann. Es wundert mich nicht, daß sich das kleine Kind vor ihm gefürchtet hat. Haare, wie jene japanischen Puppen, die überall verkauft werden, schwarz, glatt und borstig in einem Kranz um den Kopf, kahl in der Mitte, und darunter ein teigiges Gesicht und ziemlich große, dunkle Augen, die hinter seinen Brillengläsern hin und her rollten. Er legte viel Wert auf Kleidung und trug immer einen flatternden Überrock und einen riesigen, breitkrempigen Hut. Ein ganz merkwürdiger Kauz, sag ich Ihnen! Im Haus aber trug er regelmäßig einen schmutzigen roten Flanellschlafrock und ein schwarzes Käppchen. Mit dem Käppchen sah er aus wie das Porträt irgendeines dieser berühmten Männer. Er übersiedelte ständig von einem Haus ins andere, mit seinem Sessel, der Savage Landor gehört hatte, seinen beiden Schreibtischen – einer aus Carlyles, der andere aus Shelleys Nachlaß, wie ihm der Händler versichert hatte, und mit der vollständigsten transportablen Bibliothek Englands, wie er behauptete. Diese ganze Karawane schleppte er bald in ein Haus in Down, nahe von Darwins Wohnsitz, bald nach Reigate, in die Nähe Merediths, dann weiter nach Haslemere, dann für eine Weile zurück nach Chelsea, und dann hinauf nach Hampstead. Er wußte, daß irgend etwas mit ihm nicht stimmte, kam aber nicht auf die Idee, daß es sein Kopf sein könnte. Immer schob er es auf die Luft, das Wasser, die Höhenlage oder irgendeinen solchen Unsinn. ‹Fast alles hängt von der Umgebung ab›, pflegte er zu sagen und sah einen dabei streng an, als argwöhne er, man unterdrücke ein Grinsen. ‹Für einen sensiblen Mann wie mich hängt fast alles von der Umgebung ab.›

Wie er geheißen hat? Dem Namen nach kennen Sie ihn sicher nicht. Er hat nichts geschrieben, was jemals von irgendeinem Menschen gelesen worden wäre –

nichts. Niemand war imstande, das zu lesen. Er wollte immer ein großer Lehrer der Menschheit sein und verstand weniger als ein Kind von dem, was er lehren wollte. Also schwätzte er des langen und breiten von Wahrheit und Gerechtigkeit und dem Geist der Geschichte und all dem Zeug. Ein Buch nach dem anderen hat er geschrieben und auf eigene Kosten herausgegeben. Er war nicht ganz richtig im Kopf, wissen Sie, wirklich nicht! Und wie er über die Kritiker herzog – nicht, weil sie ihn angriffen, stellen Sie sich vor! das hätte ihm gefallen – sondern, weil sie absolut keine Notiz von ihm nahmen. ‹Was verlangen die Völker?› fragte er oft, seine unförmige bräunliche Hand erhoben. ‹Was? – Bekehrung! Führung! Wie Schafe ohne Hirte sind sie über das Land verstreut. Dabei gibt es Krieg und Kriegsgerüchte, der entfesselte Geist der Zwietracht wirkt überall, Nihilismus, Impfzwang, Trunksucht, Not, Armut, sozialistische Verirrungen, eigennütziges Kapital! Siehst du die Gewitterwolken nicht, Ted?› – so heiße ich – ‹Siehst du die Gewitterwolken nicht, die sich drohend über uns zusammenballen? – Und hinter all dem lauert der Mongole!› Er hatte es immer mit den Mongolen und mit dem Gespenst des Sozialismus und solchen Sachen.

Dann kam sein Finger auf mich zu, und er flüsterte mit glühenden Augen und verrutschtem Käppchen: ‹Und hier stehe ich. Und was will ich? Völker, um sie zu lehren! Völker! In aller Bescheidenheit, Ted, behaupte ich, daß ich dazu befähigt wäre. Ich würde sie führen, aber was! – ich *werde* sie in einen sicheren Hafen führen, in das Land der Gerechtigkeit, wo Milch und Honig fließen.›

In diesem Ton ging es weiter. Schwärmereien, Gefasel über Völker und Gerechtigkeit und all das. Ein Mischmasch aus Bibel und Stumpfsinn. Von meinem vierzehnten bis zum dreiundzwanzigsten Lebensjahr, während einer Zeit also, da ich mich hätte bilden sollen, pflegte mich meine Mutter ein- bis zweimal in der Woche zu waschen und zu kämmen (dies wenigstens in den ersten Jahren), mir einen schönen Mittelscheitel zu ziehen und mich zu meinem Onkel zu bringen. Dort mußte ich dann das Gewäsch des alten Narren über Dinge, die er in der Morgenzeitung gelesen hatte, mit anhören – er versuchte mit Gewalt, Carlyle nachzuahmen –, und dabei saß ich dort, wie man mir befohlen hatte, schaute intelligent und lieb drein und tat so, als würde ich alles verstehen. Später ging ich dann freiwillig hin, im Hinblick auf die Erbschaft. Ich war der einzige Mensch, der ihn besuchte. Ich glaube, er schrieb an jeden, der nur irgendwie von sich reden machte, schickte ihm ein Exemplar von einem seiner Bücher und lud ihn ein, um mit ihm über die Völker zu reden; die Hälfte dieser Leute hat nicht einmal geantwortet, und gekommen ist kein einziger. Und wenn einen das Dienstmädchen – eine ganz gerissene Person – einließ, lagen auf der Ablage im Flur Berge von Briefen, bestimmt für den Fürsten Bismarck, den Präsidenten der Vereinigten Staaten und ähnliche Leute. Ging man dann die Treppe hinauf, durch einen Gang voller Spinnweben – die Haushälterin war ständig betrunken, und die Gänge waren immer voller Spinnweben –, fand man ihn zwischen herumliegenden Büchern, Haufen von Papierfetzen auf dem Boden, verstreuten Telegrammen und Zeitungen, leeren Kaffeetassen und angebissenen Broten auf Schreibtisch und Kamin. Sein Rücken war gebeugt, das Haar sträubte sich zwischen dem Kragen dieses schlafrockähnlichen Dinges und dem Käppchenrand.

‹Moment!› rief er einem über die Schulter zu, ‹Moment! Das *mot juste* Ted, weißt du, das *mot juste!* Treffende Gedanken treffend formuliert. – Ah! – Verkettung, das ist es! Also jetzt, Ted›, sagte er dann und drehte sich im Sessel um, ‹wie geht es unserem Jungen England?› Das war der blöde Name, den er mir gegeben hatte.

Nun, das war mein Onkel, und so hat er geredet – mit mir jedenfalls. Bei anderen schien er ein wenig schüchterner zu sein. Aber er unterhielt sich nicht nur mit mir, sondern gab mir auch seine Bücher, mindestens sechshundert Seiten stark und mit den abenteuerlichsten Titeln. ‹Der jammernde Frauenorden›, ‹Der Behemoth des Fanatismus›, ‹Verschmelzung und Sonderung› und in dieser Art weiter. Alle sehr ausdrucksstark und kein einziger originell. Als ich ihn das vorletzte Mal sah, händigte er mir ein Buch aus. Er fühlte sich damals schon krank, seine Hand zitterte, und er war mutlos. Mir fiel es auf, weil ich natürlich ständig nach solchen Symptomen Ausschau hielt. ‹Mein letztes Buch, Ted›, sagte er. ‹Mein letztes Buch, mein Junge, das letzte meiner Worte an die tauben und verstockten Völker›, und hängen will ich, wenn nicht eine Träne über seine gelbe, alte Wange rollte. Er vergoß regelrecht Tränen darüber, daß es mit ihm zu Ende ging und er nicht mehr als dreiundfünfzig Bücher voller Unsinn geschrieben hatte. ‹Manchmal habe ich mir gedacht, Ted . . .› sagte er und verstummte.

‹Vielleicht war ich ein wenig ungeduldig und heftig für diese halsstarrige Generation. Etwas mehr Güte vielleicht und weniger unbarmherzige Geistesschärfe. Manchmal habe ich mir gedacht, ich hätte sie zur Vernunft bringen können. Aber ich habe mein Bestes getan, Ted.›

Und dann gestand er in einem plötzlichen Ausbruch – das erste und letzte Mal in seinem Leben – sein Versagen. Das war ein Zeichen dafür, daß er ernsthaft krank war. Er schien eine Minute zu überlegen, dann sprach er ruhig und leise, so vernünftig und klar wie ich jetzt. ‹Ich war ein Narr, Ted!› sagte er. ‹Mein ganzes Leben habe ich Unsinn gequatscht. Nur Er, der in unserem Herzen liest, weiß, ob es mehr als bloße Eitelkeit war. Ich weiß es nicht, Ted. Er aber weiß es, Er weiß, und wenn ich dumm und eitel gehandelt habe – in meinem Herzen ...›

Genauso hat er gesprochen, sich mehrmals wiederholt, dann wurde er ganz plötzlich still und gab mir zitternd das Buch. Der alte Glanz leuchtete wieder in seinen Augen. Ich weiß das alles noch recht genau, weil ich zu Hause alles meiner alten Mutter erzählt und vorgespielt habe, um sie ein wenig aufzuheitern. ‹Nimm dieses Buch und lies es›, sagte er. ‹Es ist mein letztes Wort, mein allerletztes Wort. Ich hinterlasse dir mein ganzes Vermögen, Ted, vielleicht kannst du es besser nützen als ich.› Dann hustete er.

Heute noch kann ich mich daran erinnern, und auch daran, daß ich stolz wie ein Pfau nach Hause gegangen bin und daß er bei meinem nächsten Besuch im Bett gelegen ist. Die Haushälterin war unten – betrunken, und ich scherzte auf dem Gang ein bißchen mit dem Mädchen – wie es junge Männer gerne tun –, bevor ich hinaufging. Mit ihm ging's rapide bergab. Aber sogar in diesem Augenblick verließ ihn die Eitelkeit nicht.

‹Hast du es gelesen?› flüsterte er.

‹Bin die ganze Nacht gesessen›, sagte ich ihm ins Ohr, um ihm eine Freude zu machen. ‹Es ist das letzte›, fügte ich hinzu, dann – weil mir irgendein Gedicht einfiel ... ‹aber das tapferste und beste.›

Er lächelte ein wenig und versuchte, meine Hand zu drücken – wie es etwa Frauen tun würden –, ließ aber dann los und lag still. Draußen hinter der Tür hörte ich das Mädchen kichern, denn wir hatten uns gerade vorher zufällig ein bißchen über ihn lustig gemacht. Ich betrachtete sein Gesicht, die Augen waren geschlossen, und er sah aus, als hätte ihm jemand von beiden Seiten auf die Nase geboxt. Aber er lächelte. Ein komischer Gedanke –

da war er tot, lag mausetot da, das Sinnbild absoluten Versagens, und ein Lächeln des Triumphes lag auf seinen Zügen.

Das war das Ende meines Onkels. Sie können sich vorstellen, daß meine Mutter und ich für ein anständiges Begräbnis sorgten. Dann allerdings machten wir uns auf die Suche nach dem Testament. Zuerst noch zurückhaltend und ehrerbietig, dann aber, bevor der Tag zu Ende ging, schlitzten wir Sessel auf, zertrümmerten die Täfelung im Arbeitszimmer und klopften die Mauern ab. Jede Stunde befürchteten wir das Eintreffen der anderen. Wir fragten die Haushälterin und erfuhren, daß sie tatsächlich als Zeugin ein Testament unterschrieben hatte – aufgeschrieben auf einem halben Bogen gewöhnlichen Papiers und sehr kurz, so sagte sie – und das noch keinen Monat her. Der zweite Zeuge war der Gärtner, und er bestätigte jedes ihrer Worte. Aber der Teufel soll mich holen, wenn dieses oder auch nur irgendein anderes Testament zu finden war. Meine Mutter hat sich auf eine Art darüber geäußert, daß sich der Alte sicher im Grabe umgedreht hat. Zum Schluß brachte ein Rechtsanwalt in Reigate ein Testament ans Licht, das vor Jahren aufgesetzt worden war, und zwar während eines kurzzeitigen Streites mit meiner Mutter. Der Teufel soll mich holen, wenn das nicht das einzige auffindbare Testament war, und darin wurde alles bis zum letzten Penny jenem Bringt-ihn-weg-Bengel von Vetter vermacht – einem Kerl, der nicht einen einzigen Nachmittag in seinem Leben das Gerede hatte aushalten müssen.»

Der Mann mit dem Glasauge hielt inne.

«Ich dachte, Sie hätten gesagt –» begann ich.

«Einen Augenblick», unterbrach mich der Mann. «Ich selbst mußte genau bis heute morgen auf das Ende der Geschichte warten, und ich war verdammt um einiges gespannter, als Sie es sind. Jetzt warten Sie auch gefälligst ein bißchen. Das Testament wurde vollstreckt, und dieser Kerl erbte alles. Und als er einundzwanzig Jahre alt war, begann er sofort, es mit vollen Händen auszugeben. Und ich kann Ihnen sagen, der hat es mit vollen Händen hinausgeworfen! Er spielte, er trank, er kam mehrmals in die Zeitung wegen irgendwelcher Geschichten. Den Magen dreht's mir um, wenn ich daran denke. Bis zum letzten Penny hat er alles ausgegeben, und das noch vor seinem dreißigsten Lebensjahr. Und das letzte, was ich von ihm gehört habe – Gefängnis! Das war vor drei Jahren.

Für mich brachen natürlich schlimme Zeiten an, immerhin hatte ich ja nichts gelernt als die Erbschleicherei. Alle meine Pläne konnten sozusagen erst mit dem Tod des Alten ins Werk gesetzt werden. Ich habe seither genug Hochs und Tiefs mitgemacht. Zur Zeit bin ich wieder einmal ganz unten. Ich gestehe Ihnen offen, daß ich Hilfe suche. Mein ganzes Zimmer habe ich schon auf den Kopf gestellt, um ein bißchen was für die notwendigsten Besorgungen aufzutreiben. Na ja, der Anblick dieser Prachtbände – kein Mensch würde sie kaufen, nicht einmal, um darin etwas einzuwickeln – hat mich eben geärgert. Ich hatte ihm versprochen, mich niemals von ihnen zu trennen, und kein Versprechen habe ich leichter eingehalten. Ich holte also mit dem Fuß aus und schleuderte sie durchs Zimmer. Ein Band flog in die Höhe, wirbelte durch die Luft – und heraus flatterte – können Sie es erraten? Das Testament. Er hat es mir in seinem letzten Buch übergeben.»

Er verschränkte die Arme auf dem Tisch und schaute mit dem gesunden Auge traurig auf sein leeres Bierglas. Er schüttelte langsam den Kopf, dann bemerkte er leise: «Ich habe das Buch nie geöffnet, geschweige denn die Seiten aufgeschnitten.» Mit einem bitteren Auflachen schaute er mich mitleidheischend an. «Stellen Sie sich vor! Dort versteckt, ausgerechnet dort!»

Abwesend fischte er mit einem Finger nach einer toten Fliege. «Es beweist deutlich die Eitelkeit der Schriftsteller», sagte er und richtete den Blick auf mich. «Es war kein Trick, sondern ganz ehrlich gemeint. Er hatte wirklich geglaubt, daß ich schnurstracks nach Hause gehen und das verdammte Buch lesen würde. Aber es beweist auch, nicht wahr?» – seine Augen suchten wieder das Bierglas – «Es beweist auch, wie wenig wir Menschen einander verstehen.»

Aber der beredte Durst in seinen Augen war unmißverständlich. Er nahm die Einladung mit schlechtgespieltem Erstaunen an und bemerkte nur mit der herkömmlichen spitzfindigen Floskel, ihm mache es nichts aus.

Stilles Glück im Winkel

Der Krebs, das weibliche Mondzeichen, verkörpert das Familienleben: die Mutter, das Elternhaus, das eigene Heim und die Erziehung der Kinder; der Krebs-Geborene hat ein starkes Verlangen nach eigenem Herd. Diese Gefühle übertragen sich denn auch auf den Bereich der Liebe: Er ist entweder Kind oder Mutter, er will sich bemuttern lassen, oder er bemuttert selbst.

Das Wesen des Krebs-Typs gleicht einem gefühlvollen, leicht erregbaren Jüngling, der sich der rauhen Wirklichkeit des Lebens gegenübersieht. Seine Phantasie eilt der Erfahrung voraus. Mit den Bildern, die aus seinem Unbewußten auftauchen, langsam gereiften und zärtlich gehätschelten Traumbildern, vergleicht er unaufhörlich die Welt. Sein Liebestraum entspringt der Sehnsucht seiner Kindertage. Unbewußt flieht er zurück in die Welt seiner Kindheit, an die Mutterbrust, wo er Schutz und Trost fand. In der Erwachsenenwelt möchte er die mütterliche Liebe, diese unersetzliche, einzige Liebe, wiederfinden. Wie ein Kind verlangt er nach ungeteilter Liebe, nach verstehender, verzeihender und hilfreicher Liebe, nach einer unaussprechlichen Liebe, die seine angestaute Zärtlichkeit aufnimmt, ohne daß er zu befürchten brauchte, man könnte ihn zurückstoßen und verletzen.

Das romantische Herz des Krebs-Typs ist erfüllt von

einer ewigen Sehnsucht nach Zärtlichkeit, stets auf der Suche nach vollkommener Liebe, in die die Phantasie tausend Arabesken flicht. Für dieses leicht verletzliche, kindliche Herz bedeutet die Liebe ein einziges Wiegenlied, eine schwärmerische Leidenschaft, halb verloren in einer Traumwelt jenseits des Alltags. Werden seine Illusionen grausam zerschlagen, so erleidet er meist einen Schock, der ihn taumeln läßt, gleich einem Faustschlag in den Magen. Doch geschieht es auch, daß die Liebe in seiner Seele voller Sehnsüchte schlummert bis zu dem Tag, da er sein Idealbild auf die Auserkorene überträgt.

Oft folgt jedoch schmerzliche Ernüchterung. Der junge, schüchterne Krebs-Mensch entdeckt eine fremde, ja feindliche Welt. Tief verwundet, zieht er sich in sich selbst zurück. Er verbirgt sein Verlangen, seine Wünsche aus Angst vor Verspottung. Allzu idealistisch, vermag er seinen Traum nicht zu verleugnen; so zieht er es vor, ihn in den Tiefen seiner Seele zu begraben. Er mag keinen billigen Kompromiß, er ist zu träge, Hindernisse zu überrennen. So wählt er die Flucht. Er akzeptiert das Leben nicht. Er flieht vor dem Leid.

Der abgehärtete Krebs-Mensch hofft weiter auf die Erfüllung seines Traumes. Am Ende aber droht auch er in Gefühlsbindungen zu ersticken, die ihm zum Gefängnis werden, eingekerkert in eine abgeschlossene Welt ohne Verbindung zu den übrigen Menschen.

In diesem Zeichen kommen zwei gegensätzliche *männliche* Typen vor. Der eine ist friedfertig, einfach und ruhig. Durch seine Frau liebt er Heim und Nestwärme, seinen Flecken Erde, sein Haus, seine Möbel, wertvolle Gegenstände aus seiner Kindheit. Treu und beständig, lebt er allein für die Seinen. Er braucht eine intime, trauliche Atmosphäre, um sich abends nach der Arbeit auszuruhen.

Mit seiner Frau zusammen teilt er sich in die liebende Sorge um die Kinder. Er ist denn auch ein guter Ehemann und Vater; er hat seine Kindheitskrise überwunden und ist zu einem «mütterlichen», guten, treubesorgten und beschützenden Mann geworden.

Der Gegentyp ist nervös, launisch, phantastisch. Aus seinem Herzen macht er eine imaginäre Bildergalerie; die Schlösser dazu hat er verstopft, die Schlüssel weggeworfen. Er empfindet sich selbst als Rätsel, und er ist es auch für andere. Schrullenhaft und verkauzt, scheint er von einem inneren Dämon besessen. Zuzeiten lebt er in einem absonderlichen Gemütszustand, der ihm selber fremd ist. Er erweckt den Eindruck eines verwöhnten Kindes, das sich weigerte, größer zu werden; er ist unerträglich in seiner überreizten Erregtheit und in seinen egoistischen Ansprüchen. Außerstande, die Frau zu lieben, weil seine Mutterbindung nicht von der Beziehung zur Frau abgelöst wurde, äußert sich seine Liebesunfähigkeit in immer neuen Abenteuern. So ist er der geborene Schürzenjäger, stets auf der Jagd nach einem neuen Gesicht, einer neuen Figur ... doch die ideale «Mutter-Frau», die er sucht, findet er nicht. Eines Tages schließt er sich vielleicht an eine ältere oder reifere Frau an, die ihm Ruhe bietet, die seiner Unstetigkeit das Gefühl der Sicherheit entgegenstellt und die ihn zum wirklichen Kontakt mit den Menschen führt.

Sehr oft ist die vom Krebs beherrschte *Frau* eine «Kind Frau»: unbefangen, arglos und anmutig; sie träumt von der «blauen Blume der Romantik», vom «stillen, heimlichen Glück im Winkel». Als Kind spielte sie mit Puppen, später erweist sie sich als die «Gluckhenne», die ihre Küken wärmt. Sie ist mehr Mutter als Frau; manchmal flüchtet sie in die Liebe zum Kind, in ein «Niemandsland» kindhafter Gefühle und verlogener Begeisterung.

Noch einen Schritt weiter, und sie verwirklicht den Freudschen «Iokaste-Komplex»: die starke, eifersüchtige und besitzergreifende Leidenschaft, mit der die Mutter ihren Sohn an sich kettet. Außerhalb der mütterlichen Liebe kann dieser Frauentyp meist nur ein illusorisches Idealbild lieben, dem er immer neue Namen gibt; er erlebt denn auch eine Liebesenttäuschung nach der andern. Das ist gewöhnlich das Los von disharmonischen Krebs-Frauen.

Harmonische Typen dagegen sind fähig, die große Liebe zu erfahren, die Liebe zu einer verschwisterten Seele: Die seelische Vertrautheit zwischen dem Paar wirkt wie eine Art Telepathie, die sie auch auf Entfernung gleiche Gefühle und Gedanken erleben läßt.

Auch bei der Krebs-*Frau* unterscheidet man zwei extrem gegensätzliche Typen: Die eine erniedrigt sich oft so weit, daß sie einzig noch zum Sexualobjekt des Mannes wird. Sie ist dann außerordentlich passiv, unterwürfig und gefügig, sie läßt sich begehren und leistet keinen Widerstand.

Der andere Typ hingegen stellt sich selbst auf ein unerreichbar hohes Piedestal und fordert eine fast unmögliche Liebe. Sie verkörpert eigentlich den reinsten und tiefsten weiblichen Archetyp: Sie weckt im Mann die Anima, das Leitbild des ewig Weiblichen, das im tiefsten Innern jedes Mannes schlummert und das ihn dazu führt, ein ideales, geheiligtes, oft unantastbares Wesen zu lieben.

Auch die Krebs-Frau kennt zwei Formen der Liebeswahl; die erste wählt einen aktiven, überaus männlichen Mann, den sie freilich allzugern überschätzt. Er bedeutet ihr das Bild des idealisierten Vaters. Die zweite wendet sich dem vielversprechenden Jüngling zu, dessen Entwicklung sie fördern und dessen Selbstvertrauen sie stärken kann.

José Antonio Muñoz Rojas

Die Kuh

An dem Tag, an dem wir zum ersten Mal zu dem Laden gingen, fragte Manuel den Meister:

«Was ist nun, Meister? Haben Sie die Kuh nicht hier?»

«Die Kuh? Welche Kuh?»

«Eine prachtvolle Kuh hat der Meister, weiß mit Tupfen, prächtig. Und sie ist für dich.»

«Eine prachtvolle Kuh, aber sie hat keine Hörner», fügte der Meister hinzu, während er Maß für die Stiefel nahm.

«Wo haben Sie sie, Meister?»

«Dort drinnen, aber bevor ihr nicht die Hörner wachsen, darf sie niemand sehen.»

Diese Worte verwandelten den Hinterraum des Ladens in eine zauberhafte Stätte. Er beherbergte unsere Kuh!

Wir gingen die Straße hinunter und dachten an sie. Sie gehörte uns, obwohl wir sie doch nicht hatten.

«Weißt du, daß ich eine Kuh habe?»

«Eine Kuh?»

Aber diese Stiefel gingen niemals entzwei. Und bevor sie nicht entzweigingen, würden wir unsere Kuh nicht bekommen.

«Warum bringst du uns die Kuh nicht her?» fragten wir Manuel.

«Nein! Du mußt sie holen. Nur mit dir kommt sie mit.»

Tage, Wochen, Monate vergingen. Jahrhunderte für unsere Erwartung. Solange die Stiefel dauern würden, würden wir die Kuh nicht bekommen, und das Hoffen würde sich in die Länge ziehen und sterben.

«Mir scheint, die Stiefel sind schon entzwei. Sie haben ein Loch.»

«Man wird dir neue anfertigen lassen müssen.»

«Dann vorwärts, Manuel, bring mich zum Schuhmacher!»

Die ansteigende Straße mit ihren Turmschwalben, den verhallenden Glockenklängen und den Mädchen, die Jasmin verkauften, endete geradewegs im Himmel. Der Himmel, der sonst hoch oben schien, als habe er nichts mit uns zu schaffen, kam jetzt näher, öffnete sich ein wenig, stand offen. Es war überwältigend. Nur kraft unserer Hoffnung wurden wir von dem Entzücken, das uns beseelte, nicht vollkommen erdrückt. Jeder Schritt verstärkte das Herzklopfen, machte die innere Unruhe fühlbar. Fast bogen wir schon um die Straßenecke, und da blieb Manuel stehen, um eine Zigarre hervorzuholen.

«Vorwärts, Manuel, vorwärts.»

Bald blieb er stehen, um sie anzuzünden, als komme es auf einige Augenblicke mehr oder weniger nicht an. Dann wieder blieb er stehen, um mit diesem oder jenem zu plaudern, um darüber zu sprechen, ob es kalt oder warm war, als ob dies wichtig wäre. Endlich bogen wir um die Ecke, endlich sahen wir die Ladentür, und alles war so ruhig, als ob nichts geschähe, ein jeder kümmerte sich um das Seine, und die Glocken waren so ruhig und bewegten sich nicht. Alles so ruhig, nur mein Herz nicht! Endlich kamen wir hin.

«Und die Kuh, was ist mit ihr?»

«Ach so, die Kuh», sagte der Meister. «Ich erinnere

mich. Aber noch sind ihr die Hörner nicht ganz gewachsen.»

Ich wagte nicht, ihn noch weiter zu fragen; die ganze Welt brach zu meinen Füßen zusammen. Der Meister, der nichts davon merkte, ergriff sie, um noch einmal Maß zu nehmen.

Traumpartner der Liebe

Der Krebs-Mann schenkt sein Herz für immer

Können Sie mit einem Mann leben, der im einen Augenblick zärtlich und liebenswert ist und im nächsten Augenblick unglaublich schlecht gelaunt? Können Sie mit einem Mann auskommen, der in Ihnen je nach Gefühlslage die Mutter, die Ehefrau oder die Geliebte sieht? Würde es Sie stören, wenn Ihr Traumpartner besser kochen könnte und höchstwahrscheinlich viel häuslicher wäre als Sie?

Da der Krebs vom Mond beherrscht wird, wechseln seine Launen wie die Gezeiten. Der Krebs ist ein Wasserzeichen und als solches so sensibel, daß viele Astrologen ihn als «Kind des Mondes» bezeichnen. Wenn seine Gefühle verletzt werden, zieht er sich gleich in sein Schnekkenhaus zurück, ohne sich auch nur noch einmal umzusehen.

Ganz wichtig ist, daß Sie von seiner Mutter akzeptiert werden oder daß diese zumindest davon überzeugt ist, daß Sie sich unter dem segensreichen Einfluß ihres Sohnes zu Ihrem Vorteil verändern. Viele Menschen sind der Meinung, nur südländische Männer hätten eine so tiefe Bindung an ihre Mutter, doch dem ist natürlich nicht so. Krebs-Männer aller Schattierungen, egal aus welchem Land sie stammen, haben eine unglaublich starke Mutterbindung. Lassen wir den Ödipuskomplex mal beiseite, doch denken Sie daran, daß Sie, wenn Sie sich in einen Krebs-Traumpartner verlieben, mehr oder weniger dem Ideal werden entsprechen müssen, das sich seine Mutter von seiner zukünftigen Frau macht – oder gemacht hat. Es wirkt noch über ihren Tod hinaus.

Wenn Sie einen Krebs-Mann erobern und halten möchten und nicht besonders häuslich sind, sollten Sie schleunigst einen Kurs über gesunde und nahrhafte Ernährung machen. Lassen Sie jetzt aber bloß nicht den Mut sinken, weil Sie sich an der Küchenspüle angekettet sehen, während all Ihre Freundinnen sich vergnügen, denn gerade das ist völlig unberechtigt. Dieser Mann ist nicht auf eine Dienstmagd aus. Er ist ein herrlich romantischer Liebhaber, der instinktiv weiß, was Ihnen gefällt. Seine Gefühle sind grenzenlos. Wenn er sein Herz verschenkt, dann soll es für immer sein. Er ist nicht nur ein Hochleistungssportler im Bett, sondern auch Weltmeister im Küssen und Schmusen. Kalte Winterabende wird er mit Vorliebe verträumt mit Ihnen am Kamin verbringen.

Wenn Sie sich schon oft nach einem Krebs-Mann gesehnt haben, weil er Ihnen das zufriedene, häusliche Leben bieten kann, von dem Sie immer geträumt haben, liegen Sie wahrscheinlich richtig. Doch woran können Sie ihn erkennen?

Die sprichwörtliche Wahrheit, daß Liebe durch den Magen geht – der Körperteil, der vom Krebs beherrscht wird –, trifft kaum auf irgend jemanden mehr zu als auf den Krebs-Mann. Ich weiß, auch Stiere lieben gutes Essen, aber mir scheint doch die rundliche Mitte für den Krebs so typisch zu sein, daß sie ihn häufig daran erkennen können. Natürlich ist das wieder eine Verallgemeinerung, die zwar auf Heinrich VIII. zutrifft, nicht aber auf, sagen wir mal, Ringo Starr. Außerdem verrät auch das Gesicht oft den Krebs-Mann, seine Form und die sanften sensiblen Augen, die Ihre Gedanken zu erraten scheinen, noch bevor Sie sie äußern.

Der Krebs-Mann ist aber kein Softie. Er ist ausdauernd und praktisch veranlagt, wie es auch dem ihm entgegengesetzten Sternzeichen, dem Steinbock, nachgesagt wird. In jedem von uns steckt ja auch ein Stück des jeweils dem unseren entgegengesetzten Zeichens.

Falls Sie diesen ganz besonderen Traumpartner in einer seiner miesen Stimmungen kennenlernen, wenn er gerade seine schlechte Laune über alle Anwesenden ergießt, sollten Sie im Kalender nachsehen, ob Vollmond ist. Das beeinflußt ihn nämlich, da der Mond sein Zeichen beherrscht. Bei Vollmond verstärkt sich der Destruktionstrieb von Mondabhängigen.

Sie sollten das allerdings nicht überbewerten. Niemand will Ihnen einreden, Ihr Traumpartner könne zum Werwolf werden. Der Mond bewirkt aber nun mal die Gezeiten und übt dadurch auch eine beträchtliche Wirkung auf die Gefühle der Krebse aus. Wenn ein Krebs-Mann Sie also übersieht, ja sogar etwas rüde ist, sollten Sie sich das nicht zu sehr zu Herzen nehmen. Schon morgen kann er wie verwandelt sein.

Es ist nicht besonders schwer, das Sternzeichen dieses Mannes zu erraten, nicht wahr? Sollten Sie aber doch noch im dunkeln tappen, müssen Sie die Sache anders angehen: Fragen Sie ihn doch mal nach seiner Beschäftigung. Auch hierin ist er dem ihm entgegengesetzten Steinbock verwandt, denn er kann ausgesprochen arbeitssüchtig sein. Sie können ihn am ehesten in folgenden Berufssparten antreffen: im Hotelmanagement, im Unterrichtswesen, in der Sozialarbeit, im Antiquitäten- oder Immobilienhandel oder in der Veterinärmedizin. Auch im Bankgeschäft sind Krebs-Männer erfolgreich. Was immer sie ernsthaft betreiben, machen sie gut, sofern ihre

Umgebung stimmt. Allerdings mag, was er macht, nicht so einfach aus ihm herauszukriegen sein, denn Ihr Krebs-Traumpartner wird äußerst ungern etwas von sich erzählen, solange er Sie noch nicht richtig kennt. Sie müssen ihn daher auf eine andere Weise festzunageln versuchen.

Schauen Sie sich seine Kleidung an. Man darf ihn sicher nicht gerade als schlampig bezeichnen, doch er ist alles andere als ein Dressman. Er kleidet sich gern bequem, und zwar im Büro genauso wie abends am Kamin, wo er sich gern pfeiferauchend entspannt. Im großen und ganzen bevorzugt er saloppe Kleidung. Auf diese Weise kann er gleichzeitig die zahlreichen Sünden, die sich um seine Taille festgesetzt haben, verstecken. Sein Haar kann weich sein, allerdings verlieren Krebs-Männer das Haar häufig recht früh. Eine Glatze bringt das mondförmige Gesicht dann noch deutlicher zur Geltung.

Was haben Sie sich nun da also eingehandelt? Einen häuslichen Mann, der seine Mutter und gutes Essen liebt, eine praktische Ader hat und als aufmerksamer und gefühlvoller Liebhaber sehr versiert ist. Außerdem einen sehr loyalen Partner, der in jeder Lebenslage zu Ihnen stehen wird.

Ein Krebs-Mann weiß, was Einsamkeit und Zurückweisung bedeuten. Seiner Sensibilität wegen war er in seiner Jugend oft unglaublich schüchtern. Vielleicht wurde er in der Schule gehänselt, weil er keine Sportskanone war oder weil er immer schon nach Hause mußte, wenn die anderen Kinder noch draußen herumtoben durften. Deswegen wird er Sie in Ihren trüben Stunden stets tröstend beschützen und in die Arme nehmen, so daß Sie sich aufgehoben fühlen. Der Krebs-Mann ist ein echter Romantiker. Entschädigt das nicht ausreichend für seine sporadischen Launen – die, nebenbei gesagt, gar nicht so fürchterlich sind, sobald Sie sich ein wenig darauf eingestellt haben?

Wenn Sie sich also für einen Krebs-Mann entschieden haben und mit ihm der untergehenden Sonne entgegensegeln und wie im Märchen für immer glücklich zusammenleben wollen, bleibt noch die Frage zu klären, wo Sie ihn kennenlernen können. Als Wassertier liebt er das Wasser, erholt sich beim Rudern oder treibt ernsthaften Segelsport, angelt im benachbarten Fluß oder Bach oder aber geht mit seinem Hund am Strand spazieren.

Leider ist der Krebs-Mann nicht besonders gesellig. Vielleicht lernen Sie ihn nur als den Sohn der besten Freundin Ihrer Mutter kennen, die ihn an die richtige Frau bringen will. Dabei kann Ihnen Ihre Mutter allerdings gute Dienste erweisen, indem sie Sie in den Himmel lobt.

Falls er geschieden ist und das Sorgerecht für die Kinder hat, könnten Sie sich anbieten, mit diesen mal was zu unternehmen, natürlich nur, wenn Sie ihn bereits kennen. Wenn die Kinder Sie akzeptieren, ist das für Sie natürlich ein großes Plus.

Sollten Sie im Urlaub einen Krebs kennenlernen, steht Ihnen eine richtige Romanze bevor: lange Spaziergänge Hand in Hand im Mondschein, wobei Sie sich gegenseitig süße Nichtigkeiten ins Ohr flüstern, während die Grillen zirpen und von fern aus einer Taverne romantische Balladen herüberklingen. Der Krebs-Mann scheint im Urlaub aus seiner Schale schlüpfen und sich etwas lockerer geben zu können. Sie entdecken dann seinen erfrischenden Humor, und Sie werden ihn sehr anziehend finden. Aber Vorsicht! Entspannt, wie er jetzt ist, können Sie sich nicht im Traum vorstellen, wie launisch er sein kann. Solange kein Vollmond ist, ist er ein wahres Ideal.

Sie merken schon bald, daß er es an einer Frau schätzt, wenn Sie sich um die Nebensächlichkeiten des Lebens kümmert, ihm sagt, welche Farbe sein Hemd und seine

Socken haben sollten. Krebs-Männer lassen sich gern bemuttern, obwohl einige das niemals zugeben würden.

Was geschieht, wenn Sie einen solchen Mann durch Ihre Verführungskünste dazu gebracht haben, sich Hals über Kopf in Sie zu verlieben? Sich sogar bereit erklärt haben, seiner Mutter vorgestellt zu werden, und wissen, was Sie erwartet? Sich auf ein paar Stimmungstiefs eingestellt und sich seine guten und schlechten Eigenschaften immer wieder vergegenwärtigt haben?

Wenn Sie eine Frau sind, der die Karriere wichtig ist, sollten Sie sich vorsehen. Ein Krebs-Mann möchte lieber heute als morgen Vater werden. Sein romantischer Traum vom perfekten häuslichen Glück besteht in einem gemütlichen Heim, wo eine große Familie auf ihn wartet, wenn er von der Arbeit nach Hause kommt. Sie sollten aber daran denken, daß es ihm keineswegs gefällt, wenn die Kinder ihn nachts mit ihrem Geschrei wecken oder zu Ihnen ins Bett klettern, wenn er es sich dort gerade bequem machen will. *Sie* haben dafür zu sorgen, daß die Kinder sich gut benehmen, auch wenn er sie schrecklich verwöhnt.

Aber seine guten Eigenschaften wiegen die schlechten immer auf. Sie können sich kaum einen liebevolleren Vater vorstellen als ihn. Er hat einen unglaublichen Vaterinstinkt. Kinder aller Altersstufen beten ihn an, weil er so warmherzig und einfühlsam ist und kindliche Schüchternheit und Aufgeregtheit so gut nachempfinden kann.

Doch bevor Sie an Kinder denken können, müssen Sie sich darauf einstellen, daß er zwar viel Sinn für Humor hat – wenn ihm danach zumute ist –, aber auch sehr eifersüchtig sein kann. Eifersüchtig ist vielleicht nicht ganz das richtige Wort; er ist vielmehr besitzergreifend im wahrsten Sinn dieses Wortes. Sie sollten daher auf der Hut sein, jemals den Eindruck zu erwecken, daß Sie mit einem anderen flirten. Der Krebs-Mann baut sein Nest auf Lebenszeit. Er verabscheut Trennungen und Scheidungen, besonders wenn Kinder betroffen sind. Sollten Sie den Fehler begangen haben, sich in einen verheirateten Krebs zu verlieben, und er Ihre Gefühle erwidert, müssen Sie versuchen, seine Skrupel, eine Familie zu zerstören, zu verstehen. Falls Ihre Affäre zu etwas Ernsthafterem wird, fühlt er sich womöglich für den Rest seines Lebens schuldig.

Da der Krebs so außergewöhnlich sensibel ist, bedeuten ihm kleine Aufmerksamkeiten nicht nur viel, sondern sind für ihn *wesentlich.* Schreiben Sie auf Ihre Ansichtskarten immer speziell liebevolle Worte. Suchen Sie sorgfältig nach dem richtigen Geschenk: einer antiken Karaffe, einem Grillbesteck für den Garten, einer Kaffee- oder Teemaschine speziell für das Schlafzimmer, einem weichen Kaschmirpullover, einem wollenen Schlafrock für gemütliche gemeinsame Winterabende am Kamin, einer Sturmlaterne oder einer neuen Angel für den Krebs-Fischer. Und vergessen Sie um Gottes willen *niemals* den Geburtstag seiner Mutter!

Ebenfalls nicht vergessen dürfen Sie, daß Ihr Krebs-Traumpartner, dieser warmherzige, großzügige, mitfühlende Mann, wirklich an den siebenten Himmel und ein immerwährendes Glück glaubt. Er ist kein Playboy. Für das häusliche Glück ginge er bis ans Ende der Welt. Warum zeigen Sie ihm nicht, daß er so weit gar nicht zu gehen braucht – sofern Sie glauben, seinen Vorstellungen genügen zu können? Wenn Sie erst einmal damit klarkommen, daß er sich an bestimmten Tagen wie ein Brummbär benimmt, können Sie mit einem Krebs-Traumpartner die angenehme und sichere Seite des Lebens trotz der gelegentlichen Tiefs sehr genießen. Denn Sie haben einen außergewöhnlichen Mann im Haus.

Die Krebs-Frau – Fürsorglichkeit in Person

Sie ist Ihnen unter vielen Partygästen aufgefallen. Und als sie bemerkte, daß Sie sie anstarren, errötete sie. Ja, auch heute noch gibt es Krebs-Frauen, die rot werden, wenn sie die Aufmerksamkeit auf sich ziehen. Aber noch kennen Sie ja ihr Sternzeichen nicht.

Sollte sich Ihre Traumpartnerin aber als Vertreterin des vom Mond beherrschten Wasserzeichens Krebs herausstellen, ist zumindest eines sicher: Sie werden immer gut zu essen bekommen. Wahrscheinlich kann sie Kuchen und Plätzchen backen, seit sie groß genug ist, um die Küchenwaage zu bedienen.

Bei einer Krebs-Frau fühlt man sich fast sofort wohl. Sie strahlt all die Wärme und Sensibilität aus, die so manchem andern Zeichen zu fehlen scheinen. Und selbst wenn sie ebenso abweisend aufzutreten versucht wie die anderen, werden Sie rasch merken, daß sie nur schauspielert. Denn unter ihrer Schale ist sie oft unglaublich unsicher.

Krebs-Geborene haben ein großes Talent dafür, die Probleme anderer anzuziehen. Zwar ist der Krebs ein Wasserzeichen, doch ist die Krebs-Frau eine echte Erdmutter. Manchmal muß man ihr verzeihen, daß sie sich in ihr Haus zurückzieht. Sie muß sich einfach von Zeit zu Zeit von der Welt absondern, um ihre Batterien wieder aufzuladen und den restlichen Tag überstehen zu können.

Wenn Sie das Herz einer solchen Frau erobern wollen, sollten Sie sie nicht mit großen Reden überfallen. Sie durchschaut das sofort. Denn nach Skorpion und Fische ist der Krebs eins der Sternzeichen mit der größten Einfühlungsgabe. Sobald die Krebs-Frau merkt, daß Sie nur einen netten Abend verbringen wollen, verliert sie ihre Schüchternheit und fährt Ihnen mit ein paar vernichtenden Bemerkungen über den Mund.

Bei einer Krebs-Frau müssen Sie vorsichtiger vorgehen. Sie läßt sich gern auf gute alte Art umwerben.

Eine Krebs-Frau bezieht unzählige Male am Tag Abwehrposition. Ist sie jedoch einmal Ihre Traumpartnerin, können Sie sich nicht mehr vorstellen, wie Sie je ohne sie haben leben können.

Sollte diese Traumpartnerin eines Tages Ihre Frau werden, wird immer ein sauberes Hemd bereitliegen und ordentliches Essen auf dem Tisch stehen. Sie will und wird im wahrsten Sinn des Wortes für Sie sorgen. Dabei kann sie zuweilen etwas zu besitzergreifend sein, Sie mit ihrer Liebe ersticken. Dann läßt sie sich nur widerstrebend klarmachen, daß Sie kein kleiner Junge mehr sind. Krebs-Frauen wollen Männer aller Altersstufen gern bemuttern, und die Fetzen können fliegen, falls Sie sich vorher viele Jahre lang allein durchs Leben geschlagen haben und das auch weiterhin vorhaben.

Sie ist zwar nicht grundsätzlich eifersüchtig, doch sollte sie jemals Untreue bei Ihnen vermuten, wird sie Ihnen die Flötentöne beibringen. Sie braucht nun mal die Sicherheit, daß Sie immer zu ihr stehen.

Sollten Sie ihr Sternzeichen immer noch nicht durchschaut haben, obwohl Sie sich eine halbe Stunde lang mit ihr unterhalten haben, müssen Sie wohl mit ein paar Vorurteilen aufräumen. Zum Beispiel mit dem, Krebs-Frauen seien hausbacken. Sie können nämlich durchaus den letzten Schrei mitmachen wie Prinzessin Diana. Im großen und ganzen ist eine Krebs-Frau aber nicht übermäßig extravagant, was ihre Kleidung betrifft, da sie mit ihrem Geld gewöhnlich zuerst einmal die Familie durchfüttert und den Ausverkauf abwartet, bevor sie sich selbst mit dem eindeckt, was sie braucht. Sie bevorzugt ausgesprochen feminine Kleidung, was für Sie ein Hinweis auf ihr Sternzeichen sein könnte. Im Gegensatz zu dem oben genannten berühmten Krebs sind übrigens viele Krebs-Frauen eher mollig.

Versetzt dieses «Hausmütterchen» Sie jetzt in Panik? Das ist nicht nötig. Hat sie erst einmal begriffen, daß sie nicht zu viel um Sie hermachen darf, wird sie den Fehler nicht ein zweites Mal machen. Außerdem ist sie nicht *immer* nur auf die Rolle des Hausmütterchens aus. Krebs-Frauen können nicht nur ein gemütliches Heim schaffen, sondern sind auch in allem anderen geschickt. Sie haben eine praktische Ader, sind aber auch sehr kreativ. Wenn Sie sich für eine Krebs-Frau entscheiden, bekommen Sie in ihr also eine Partnerin, die Ihnen in vieler Hinsicht ebenbürtig ist.

Sie kann auch hervorragend mit Kindern umgehen, doch sollte sie Heranwachsenden etwas mehr Spielraum lassen. Krebs-Mütter sind häufig überfürsorglich, und deshalb gibt es öfter Streit.

Wohin können Sie sich wenden, wenn Sie eine Krebs-Frau kennenlernen wollen? Sie kann gut Krankenschwester oder Sozialarbeiterin sein. Häufig übt sie eine Tätigkeit aus, bei der sie für Menschen sorgen kann, sie unterrichtet oder ist an einer archäologischen Ausgrabung beteiligt (sie liebt Geschichte über alles).

Ihre Vorlieben und Abneigungen sind von ihrer jeweiligen Stimmung abhängig. Sie läßt sich zum Beispiel gern mit einem riesigen Blumenstrauß oder einer Einladung zum Essen in ihrem Lieblingsrestaurant überraschen, damit sie einmal nicht selbst kochen muß. Auf eine Ansichtskarte mit einer Liebeserklärung reagiert sie sogar noch überschwenglicher als ihr männliches Gegenstück.

Die Krebs-Frau möchte hin und wieder besonders umsorgt werden, und das hat sie auch verdient. Trotz großer Belastungen ist sie stets die Starke, und es kommt nur zu oft vor, daß andere ihr eine Menge aufhalsen.

Während der Widder mit den Worten «Hoppla, jetzt komm ich» in die Welt tritt, verhält sich der Krebs still, empfindet aber tief – vielleicht tiefer, als wir je ermessen können, da Krebse ihre Gefühle kaum offenbaren, besonders dann nicht, wenn sie schon etliche Male verletzt worden sind.

Die Krebs-Frau liebt romantische Filme und Bücher, ißt gern gut in Gesellschaft von Freunden, verbringt den Urlaub gern am Meer oder tuckert mit einem Boot über Kanäle. Am wohlsten fühlt sie sich jedoch zu Hause im Kreise ihrer Lieben – sie findet die Erfüllung ihrer Wünsche nicht an exotischen Orten. Geschenke, die Sie ihr machen, sollten immer liebevoll ausgesucht sein. Sie brauchen nicht sündhaft teuer zu sein oder irrsinnig originell, denn für die Krebs-Frau zählt die gute Absicht mehr als alles andere. Vielleicht findet sie an einem alten Medaillon Gefallen, an den Perlen Ihrer Großmutter, einem silbernen Bilderrahmen, romantischen Geschichten oder auch an einer Nudelmaschine.

Auch wenn Sie diese Frau verführen wollen, zählt hier die Absicht hinter Ihren Handlungen. Sind Sie nur auf eine leidenschaftliche Nacht aus, liegen Sie bei ihr völlig falsch. Liebe und Leidenschaft müssen bei ihr im richtigen Verhältnis zueinander stehen – und wenn das der Fall ist, hängt der Himmel für Sie voller Geigen.

Hans Wilhelm Kirchhof

Der hölzerne Johannes

So lieb hatte ein Weib seinen Mann, daß es sich vornahm, nach seinem Tode sich von keinem anderen freien zu lassen, ließ darum ein hölzernes Bild in Form, Gestalt und Größe ihres Mannes schnitzen und mit Farbe bemalen, welches sie den hölzernen Johannes nannte, das sollte, falls sie Witwe würde, statt eines Mannes bei ihr bleiben.

Es trug sich zu, daß es kam, wie sie vermutet hatte, und ihr Mann den Geist aufgab. Nachdem sie aber fast ein halbes Jahr heftig getrauert, begann ihr Kummer sich einigermaßen zu legen, und als sie von ihren Verwandten einmal zu einem Mahl eingeladen war, befahl sie ihrer Magd, ja nicht zu vergessen, ihr den hölzernen Johannes, wenn er warm geworden, ins Bett zu legen und sie dann abzuholen, um sie heimzugeleiten. Denn es war ihr Brauch, daß man ihr vor dem Schlafengehen den hölzernen Johannes, der immer beim Ofen stand, ins Bett brachte. Die Magd dachte, es würde jetzt an der Zeit sein, weil die Frau nach dem Mahle fröhlich sein würde, der Ihrigen zu gedenken. Daher berief sie ihren Bruder, der ein schöner und gerader Jüngling war, unterrichtete ihn von der Sache, führte ihn zum Bett der Frau, versteckte den hölzernen Johannes anderswo, ging dann zu ihrer Herrin und mit ihr zusammen heim, und nachdem sie ihr in die Kammer geleuchtet, legte auch sie sich zur Ruhe nieder. Dieser Johannes wärmte die Frau so gut, daß sie ihn nicht wie den andern, wenn er kalt geworden, vors Bett stellte, sondern ihn bei sich behielt bis an den Morgen. Nach Weisung der Frau kam alle Morgen, wie auch jetzt, die Magd und fragte, ob sie zum Markt gehen und etwas kaufen sollte; sprach die Frau, sie solle zusehen, ob nicht ein gutes Fischgericht zu bekommen wäre.

«Gern will ich's tun», antwortete die Magd, «wenn ich es aber mitbringe, haben wir nicht soviel dürres Holz im Haus, daß man es dabei rechtschaffen sieden könnte.» – «Ach», sagte die Frau, «so nimm den hölzernen Johannes, der ist dürr genug, den zerhaue und koche mit ihm, solange es vorhält.» So brachte die Magd ihren Bruder zu großem Reichtum, denn weil er die Frau so gut gewärmt hatte, nahm sie ihn zu ihrem Ehemann.

FRANK O'CONNOR

Die weinenden Kinder

Joe Saunders und seine Frau Brigid waren seit einem Jahr verheiratet und wohnten in einer Siedlung etwa zwanzig Meilen außerhalb Londons, als sie ihr erstes Kind bekamen, ein kleines Mädchen, dem sie nach Brigids Mutter den Namen Gertie gaben. Brigid war eine Irin, und Joe, der ein echter Cockney war, hatte immer gefunden, zwischen ihm und den Iren müsse eine Art Wahlverwandtschaft bestehen. Sie war Katholikin, und wenn er auch selber nie an etwas hatte glauben können, so gefiel es ihm doch an ihr, und er ermutigte sie noch, das Haus mit religiösen Bildern und Figuren zu schmükken. Er ging sogar hin und wieder mit ihr in die Messe, doch sie neckte ihn, mit seinem frommen Gebaren störe er sie beim Beten. Stets brachte sie ihn zum Lachen, und das hatte er gern, denn er war schwerblütiger Natur und wurde rasch traurig und neigte sogar zu Tränen. Sie war gebildet, und das gefiel ihm ebenfalls. Sie hatte sich ihren jugendlichen Frohsinn bewahrt und flirtete mit dem größten Vergnügen mit jedem Mann, der sein Gefallen an ihr bekundete. Joe hatte seinen Spaß daran, denn er wußte, wie unschuldig und keusch sie bei aller Ausgelassenheit war.

Nach der Geburt der kleinen Gertie erwachte in Joe eine innige Dankbarkeit dem Leben gegenüber. Manchmal sah er alles wie von einem doppelten Standpunkt aus; dann tat er nicht nur, was es gerade zu tun gab – den Kinderwagen umherfahren oder nachts auf Zehenspitzen ins Kinderzimmer schleichen und nachsehen, ob die Kleine gut zugedeckt war –, sondern er schaute sich dabei gewissermaßen selber zu. Dadurch gewann jedes Erlebnis eine plastische Intensität, und er war überzeugt, es müsse genau das sein, was man unter «Glück» verstand.

Doch er merkte bald, daß Brigid anders empfand. Obwohl sie so selbstvergessen mit dem Baby spielen konnte wie ein kleines Mädchen mit seiner Puppe, war sie doch oft melancholisch oder gereizt und den Tränen nahe. Es war natürlich nicht ihr wahres Selbst. Jerry Cross, Joes bester Freund, nannte es eine Art *Post-partum*-Psychose, und wenn Joe auch kein großes Zutrauen zu den langen Namen hegte, die Jerry gern allen möglichen Dingen anheftete, so führte er Brigid doch eine Woche lang ans Meer. Brighton tat ihr gut, aber die Wirkung hielt nicht an. Joe glaubte zu verstehen, wie ihr zumute war – dem wilden Geschöpf mit dem lebhaften Temperament, das Ausflüge und Gesellschaften liebte und nun durch ein Bröckchen Mensch, das alles nahm und nichts gab, ans Haus gefesselt war. Er war von einer fast lästigen Aufmerksamkeit und achtete darauf, daß sie ausging und Bekannte besuchte und einlud. Doch selbst zu ihren alten Freunden war sie anders, und gegen Jerry Cross faßte sie eine ausgesprochene Abneigung. Mit einer backfischhaften Dreistigkeit, die Joe zur Verzweiflung trieb, verspottete sie Jerry wegen seiner überhitzten Junggesellenwohnung, wegen seines teuren Grammophons und der großen Plattensammlung und wegen der Hausbar, aus der Jerry in seiner herzlich-überschwenglichen Art ihnen stets neue, fremde Getränke vorsetzte und dabei händereibend fragte: «Doch nicht übel, wie? Ich finde wirklich, 's ist nicht übel, wie?» Um Cross vor Brigids Spott zu schützen, mußte Joe sie sogar zweimal tadeln, obwohl er es sanft und nur ungern tat.

«Warum in Gottes Namen kannst du nicht nett zu Jerry sein?» fragte er auf dem Heimweg. «Er hat ohnehin nicht viele Freunde.»

«Er hat gar keine, falls du's wissen willst», erwiderte Brigid kühl. «Er ist zu verdammt selbstsüchtig.»

«Selbstsüchtig?» wiederholte Joe und blieb wie angewurzelt stehen. «Hab ich dir nicht erzählt, daß er mir einmal, als ich in der größten Not war, heimlich einen Scheck über zweihundert Pfund auf den Kamin gelegt hat?»

«Das hast du mir oft genug erzählt», entgegnete Brigid verächtlich. «Er wußte ganz genau, daß du sie nicht annehmen würdest.»

«Ach, auf das Geld kommt's doch nicht an – nur auf sein Vertrauen –, denn damit hat er mir mein Selbstvertrauen wiedergegeben. Ich sage dir, Kind, zwischen Männern gibt's Dinge, die wirst du nie verstehen.»

Doch seine Worte hatten auf Brigid keine andere Wirkung, als daß sie ihre Abneigung noch verstärkten. Eines Abends, als er bei ihnen war, rühmte sich Jerry ganz harmlos, von einem unsauberen Geschäft Abstand genommen zu haben, und mit verstellter Bewunderung holte ihn Brigid darüber aus.

«Du bist immer auf der sicheren Seiten, nicht wahr, Jerry?» fragte sie ihn schließlich.

«Wie bitte, Brigid?» fragte Jerry eifrig, der gern als kluger Geschäftsmann gelten wollte und nichts von ihrer Hinterlist merkte.

Joe mahnte: «Brigid!»

Sie sagte rasch: «Ich meine, wer mit dir zu tun hat, der muß auf der Hut sein!»

Jerry Cross stand auf und packte seine Jackenaufschläge, als wollte er eine Rede halten. «Ich kann dir versichern, Brigid», rief er laut, «daß keiner, der mit mir zu tun hatte, auf der Hut sein mußte, wie du es nennst. Allerdings bin ich gern auf der sichern Seite, da hast du ganz recht. Und um in Zukunft auf der sichern Seite zu sein, will ich euer Haus nicht wieder betreten.»

Damit eilte er auf die Tür zu, und Joe half ihm in den Mantel und spürte, wie er zitterte. Er legte ihm den Arm um die Schulter und begleitete ihn so bis zum Gartentor und zur Bushaltestelle. Dort ließ er seinen Arm sinken und nahm Jerrys Hand in seine beiden Hände.

«Versuch's zu vergessen, Jerry», bat er leise. «Du weißt, sie meint es nicht so. Sie ist krank.»

«Das ist sie, Joe», entgegnete Jerry überzeugt. «Ich hatte es schon ein Weilchen vermutet, aber jetzt bin ich sicher.»

Erst nachdem er ihm vom Bürgersteig aus Lebewohl zugewinkt hatte, brach Joe in Tränen aus. Langsam ging er die trübe beleuchtete Vorortstraße auf und ab, bis er sich beruhigt hatte. Als er ins Zimmer trat, saß Brigid noch ebenso da, wie er sie verlassen hatte.

«Komm, Joe», sagte sie ruhig. «Wir müssen etwas besprechen.»

«Tut mir leid, Brigid, ich möchte nicht sprechen», entgegnete er, da er nicht wieder weinen wollte.

«Aber ich», erklärte sie knapp. «Es ist vielleicht die letzte Gelegenheit. Ich räume das Feld.»

«Was soll das heißen?»

«Ich muß weg», erwiderte sie, und er wußte, daß es ihr damit ernst war.

«Mußt du wirklich weg, Liebste?» fragte er sanft und setzte sich. In solchen Augenblicken trat all seine weise Passivität an die Oberfläche. Er wußte, daß man sich in vieles schicken muß. «Warum?»

«Ich möchte nicht auch noch dein Leben zerstören», erwiderte sie. «Wie ich meins zerstört habe.»

«Da habe ich auch noch ein Wörtchen mitzureden», meinte er. «Und natürlich auch die Kleine. Oder wolltest du Gertie mitnehmen?»

«Nein», antwortete sie mit erzwungener Gleichgültigkeit. «Bestimmt kann deine Mutter für sie sorgen.»

«Sicher könnte sie das. Aber vermutlich möchte das keiner von uns.»

«Jedenfalls beleidigt deine Mutter nicht deine Freunde», entgegnete Brigid bitter. Er begriff, daß sie ihre Schuld einsah, und wurde weich.

«Du bedeutest mir mehr als all meine Freunde, Liebste», sagte er mit Nachdruck. «Sogar mehr als Jerry. Und das will viel heißen. Aber was bedrückt dich, Brigid? Warum vertraust du mir nicht? Geht es um einen Mann?»

Einen Augenblick glaubte er, sie würde ihn schlagen. Dann lächelte sie matt. «Sei bitte nicht so blöd!» rief sie in dem flotten, gutgelaunten Tonfall, der früher so bezeichnend für sie war. «Seit ich mit dir verheiratet bin, habe ich mir nie nach einem Mann den Hals verrenkt.»

Er war überzeugt von der Wahrheit ihrer Worte und empfand wieder etwas Erleichterung und gleichzeitig die alte Zärtlichkeit.

«Natürlich hatte ich das auch gehofft, Liebste. Ich sehe nicht, worauf es sonst noch ankäme!»

«Auch nicht auf die Männer, die ich früher gekannt habe?» fragte sie spöttisch.

«Ach so», sagte er nach einer kleinen Pause. «Es war also einer da.»

«Ja», erwiderte sie. Und als könnte sie seine Gedanken lesen, fuhr sie – im gleichen Tonfall spöttischer Verzweiflung – fort: «Und glaube nur ja nicht, daß er mich jetzt in

London erwartet und daß ich darauf brenne, wieder zu ihm zu gehen. Ich wünschte von Herzen, ich brauchte ihn nie wiederzusehen – wenn ich nur auch dasselbe von seiner Tochter wünschen könnte.»

«Von seiner Tochter?» fragte Joe dümmlich. «Hast du – denn schon mal ein Kind gehabt?»

«Was meinst du wohl, weshalb ich von Irland nach London ging?»

«Ich weiß es nicht», erklärte Joe mit schlichter Würde. «Ich habe es für die Wahrheit gehalten, als du mir erzähltest, du wolltest dir eine Stelle suchen. Wahrscheinlich hast du recht, wenn du mich für einen Einfaltspinsel hältst.»

«Ich habe dich nie für einen Einfaltspinsel gehalten!» rief sie zornig. «Ich habe gedacht, du wärst zu gut für diese Welt, wenn du's durchaus wissen willst!»

«Wie alt ist das Kind?»

«Sie ist zwei.»

«Und du hast sie hier?»

«Nein, in Irland. Außerhalb von Cork. Wahrscheinlich wollte ich sie möglichst weit weg haben. Und dann ist noch etwas. Ich habe etwas von dem Haushaltsgeld genommen, um für sie zu zahlen. Seit ich die Stelle aufgab, hatte ich ja kein eigenes Geld mehr.»

«Selbstverständlich – du konntest die Kleine doch nicht verhungern lassen», sagte er. «Aber du hättest mir vertrauen sollen. Wie ich dir vertraut habe.»

«Das ist doch nicht das gleiche», entgegnete sie. «Ich habe gedacht, daß du zu gut für diese Welt bist, und da mußte ich dir eben etwas vorlügen, wenn ich dich heiraten wollte. Aber was hat's genützt? Verdammt wenig!»

Joe seufzte. «Vor allem müssen wir überlegen, was mit der Kleinen geschehen soll, und das kann nicht heute abend entschieden werden.»

«Es gibt nur eins, Joe: Ich muß wieder nach London ziehen und mir eine Stelle suchen.»

«Nein», sagte er. «Deshalb brauchen wir nicht unser Familienleben zu zerstören. Im schlimmsten Falle kann sie bei uns leben.»

«Ich will aber nicht, daß sie bei uns lebt – verstehst du das nicht? Es war alles ein unseliger Irrtum, und ich will nicht daran erinnert werden. Ich komme mir nur so erbärmlich vor, weil ich es so gut habe, und sie hat gar nichts.»

«Das verstehe ich», erwiderte Joe sanft. «Wir müssen uns etwas ausdenken.»

In der Nacht dachte er gründlich genug nach, aber weniger über Brigids Kind als über das Unglück, das über seine schöne Welt hereingebrochen war. Wieder sah er sich ausführen, was er schließlich für richtig befunden hatte, doch diesmal sah er alles, als ob es einem andern Mann widerfahren sei, jemandem in einem Buch oder in einem Film, und diesmal war das Gefühl nicht Glück, sondern Kummer. Als Brigid ihn weckte, schien sie nicht unglücklich zu sein: daß sie sich der Last ihres Geheimnisses entledigt hatte, schien ihr die alte, natürliche Munterkeit wiedergegeben zu haben.

Als er am Abend nach Hause kam, sah er voller Erstaunen, daß Jerry Cross im Wohnzimmer war. Er spürte gleich, daß er und Brigid sich ausgesöhnt hatten. So glücklich es ihn sonst gemacht hätte – jetzt hatte es kaum etwas zu bedeuten. Beim Verabschieden sagte Cross zu Joe: «Du weißt, ich will mich nicht einmischen, Joe, aber Brigid kam zu mir ins Büro und erzählte mir von eurem Kummer. Ich wollte dir nur sagen, daß es mir leid tut.»

Joe war gerührt, daß Brigid in all ihrem Stolz sich so vor Jerry gedemütigt hatte – doch auch das hatte nicht viel zu bedeuten. Cross aber war ganz erfüllt von der Sache.

«Es wird unangenehm für euch, einerlei, wie ihr's macht», sagte er teilnahmsvoll, «aber du sollst wissen, daß ich euch mit Freuden helfe.»

Joe begriff, daß es Brigid gelungen war, Cross gänzlich für sich zu gewinnen. Und wie Cross nun einmal war: Er mischte sich doch ein und «versteckte den Scheck auf dem Kaminsims».

Nach dem Essen sagte Joe zu Brigid: «Ich habe mir die Sache überlegt, Liebste, und sehe nur eine Lösung. Wir müssen das Kind zu uns nehmen!»

«Ich habe auch darüber nachgedacht», erklärte sie hastig, «und bin genau der entgegengesetzten Ansicht. Ich halte es nicht nur für unnötig, sondern für unmöglich.»

Joe konnte ihr nachfühlen, was sie empfand. Jetzt, da sie das Geheimnis los war, flüchtete sie ins andere Extrem. Nur das wildeste Selbstvertrauen konnte ihr so viel Mut eingeflößt haben, zu Jerry zu gehen. Und mit ihrem Selbstvertrauen war ihr altes Wesen zurückgekehrt. Deshalb plante sie jetzt, aus dem Schiffbruch zu retten, was zu retten war, ohne vor den Nachbarn und Joes Familie erröten zu müssen.

«Unmöglich ist es nicht», erwiderte er, «nur sehr schwierig, das gebe ich zu. Wir haben eine Menge nette Freunde hier in der Siedlung und müßten es irgendwie erklären. Aber das haben auch schon andere fertiggebracht. Sogar Schlimmeres.»

«Für einen Mann ist es leichter als für eine Frau», entgegnete Brigid düster.

«Es ist für niemand leicht, aber das zählt nicht – nur das Leben des Kindes ist wichtig.»

«Und deine Mutter?» fragte sie.

«Richtig. Wir müssen an Mutter denken, und an Barbara und Coralie, und wir können uns denken, was sie sagen werden. Aber auch das ist nicht so wichtig. Vielleicht ist es schon zu spät, und die Kleine kann sich nicht mehr bei uns einleben. Doch in zehn oder fünfzehn Jahren wäre es noch schwieriger.»

«Ich glaube doch, Joe, daß es andere Wege gibt.»

«Zum Beispiel?»

«Eigentlich ist es ein Vorschlag von Jerry. Wir sollten sie aus Irland wegholen und hier in der Nähe unterbringen, wo ich sie im Auge behalten kann. Vielleicht könnten wir mit ihr und Gertie die Ferien verleben und zusehen, daß sie in eine gute Schule kommt, wenn es soweit ist!»

«Und dafür hat Jerry seine Hilfe angeboten?»

«Ja», sagte sie langsam. «Er ist furchtbar hilfsbereit und anständig.»

«Das ist er», erwiderte Joe. «Aber er irrt sich.» Wie manche sanfte Naturen hatte auch Joe eine eiserne Ader, und wenn er einmal etwas beschlossen hatte, konnte er sehr hartnäckig sein. «Jerry ist ein Junggeselle. Er weiß nicht, was er redet. Du kannst einen Mann oder eine Frau aus deinem Leben streichen und annehmen, daß sie es vielleicht überstehen, aber einem Kind kann man das nicht antun. Ein Kind ist zu hilflos. Und in diesem Falle bist nicht nur du es, die unter den Folgen zu leiden hätte. Wenn dem Kind etwas zustieße, wären wir beide seine Mörder.»

Als ihr Flugzeug vierzehn Tage später das Meer überflog und sich Dublin näherte, fragte Joe: «Hast du Angst?», und Brigid antwortete: «Was denn sonst?» Er drückte ihr die Hand. Während sie auf dem hohen, schaukelnden Bus in die Stadt fuhren, war sie schweigsam, und sowie sie in ihrem Hotelzimmer waren, brach sie zusammen.

«Joe, ich kann's nicht», gestand sie.

«Aber, Brigid, du hast schon viel Schwereres geschafft!» tröstete er.

«Nein, Joe», widersprach sie. «Du verstehst es nicht. Ich kann morgen nicht nach Cork fahren und Menschen begegnen, die mich kennen, und mir Erklärungen ausdenken, weshalb ich zurückgekehrt bin.»

«Du brauchst dir keine Erklärungen auszudenken. Du machst einfach eine Ferienreise mit deinem Mann. Ginge das nicht?»

«Um dann ein zweijähriges Kind auf meinem Arm durch die ganze Stadt zu tragen?» rief sie bitter. «Nein, Joe – ich bringe es nicht fertig.»

«Gut, Liebste. Dann fahre ich allein nach Cork. Und nachher ... kann mir wohl deine Familie Bescheid sagen?»

«Vielleicht», sagte sie unsicher. «Aber wenn du Rücksicht auf mich nehmen willst, dann bleib ihnen lieber fern!»

Er wußte, daß es keinen Zweck hatte, mit ihr zu rechten. Sie war zu verängstigt.

«Gut», sagte er. «Wenn du es so möchtest, werde ich mich danach richten.»

Die Fahrt nach Cork war angenehm, und er bedauerte es, Brigid nicht neben sich zu haben, denn sie hätte ihm über interessante Gegenden Auskunft geben können. Auch die Stadt sah freundlich aus, und von seinem Hotelfenster hatte er eine nette Aussicht auf den Fluß. In der Halle sprach er mit dem Hoteldirektor, einem derbknochigen, liebenswürdigen Mann mit tiefer Stimme, der so bereit war, Joe an seinen Bestimmungsort zu verweisen, als wäre es das einzige Ziel seines Lebens. Er studierte Landkarten und Fahrpläne und fragte sogar ein paar Hotelgäste, was Joe ziemlich peinlich war, denn er wollte nicht, daß sein Anliegen öffentlich bekannt würde. Die letzten zehn Meilen Wegs schienen die größte Schwierigkeit zu bieten.

«Oh, dann miete ich eben einen Wagen, Mr. Coleman!» rief Joe.

Der Hoteldirektor warf einen Blick auf die Uhr in der Halle und sagte mit seiner tiefen Stimme: «Kommt nicht in Frage. Ich werde mich nach dem Essen eine Stunde freimachen und Sie selbst hinfahren.»

«Das ist sehr freundlich von Ihnen, aber es ist besser, wenn ich einen Wagen bestelle. Es ist eine ziemlich heikle Angelegenheit.»

«Oh, Verzeihung, ich wollte nicht aufdringlich sein», sagte Coleman.

«Das sind Sie auch nicht», erwiderte Joe. «Ich habe nichts zu verbergen, und ich hätte es Ihnen ohnehin erzählt. Nehmen Sie bitte einen Augenblick Platz, dann kann ich's Ihnen erklären.»

Der Hoteldirektor hörte ihm mit einem leisen Lächeln zu. Dann meinte er: «Was mich betrifft, so kann ich natürlich den Mund halten. Sie müssen sich aber nicht wundern, wenn es bei den Hotelangestellten bekannt wird. Ein Teil weiß bereits, wer Sie sind. Was sie nicht heute abend in Erfahrung gebracht haben, wissen sie morgen. Cork mag manchem wie eine Großstadt vorkommen, doch wer hier lebt, empfindet es als Kleinstadt. Übrigens», schloß er mit behaglichem Lachen, «würde ich mir deshalb keine grauen Haare wachsen lassen. Soll ich Ihnen ein Kinderbett ins Zimmer stellen?»

«Nein, danke, noch nicht», entgegnete Joe. «Ich finde, es wäre nicht richtig, das kleine Mädchen schon heute abend herzubringen. Selbst wenn meine Frau hier wäre, könnte es doch die Kleine zu sehr verängstigen. Ich wollte also heute nur aufs Land fahren, damit die Kleine sich an mich gewöhnt, und erst morgen wollte ich sie mitnehmen.»

«Morgen habe ich den ganzen Vormittag frei», sagte Coleman.

«So etwas habe ich nicht beabsichtigt», wehrte Joe ab. «Ich kann doch einen Wagen mieten. Wenn ich schon die weite Reise machen mußte, sollte ich auch das noch bezahlen können.»

«Ich muß Ihnen recht geben», sagte Coleman. «Es wäre nicht gut, die Kleine schon heute mitzunehmen. Wir sehen uns also nach dem Essen in der Halle, ja? Das Roastbeef kann ich Ihnen empfehlen.»

Nach dem Essen fuhren die beiden Herren in Colemans altem Wagen die stille Straße hinab. Zuerst schwieg Coleman, dann meinte er: «Wenn Sie eine persönliche Bemerkung gestatten, Mr. Saunders: Sie scheinen mir ein ziemlich ungewöhnlicher Mann zu sein.»

«Finden Sie?» fragte Joe überrascht. «Ich glaube, unter diesen Umständen hätten doch wohl die meisten Männer ebenso empfunden wie ich.»

«Empfunden – gewiß!» sagte Coleman. «Aber ich bin gar nicht so sicher, ob sie auch ebenso gehandelt hätten. Und wenn ich mich frage, was ich an Ihrer Stelle getan haben würde ... ich glaube, ich hätt's mir zweimal überlegt.»

«Machen Sie sich nur keine Sorgen», erwiderte Joe lachend. «Ich hab's getan. Habe mir's sogar drei- oder viermal überlegt!»

Sie hatten den Außenbezirk der Stadt hinter sich gelassen und fuhren an einem Flußufer entlang; das andere Ufer war von Bäumen gesäumt. Schließlich gelangten sie zu einem kleinen Dorf mit Kirche und Kneipe; dort bogen sie in eine Seitenstraße ein, die sich bergauf wand und hin und wieder einen schönen Ausblick auf den Fluß und den fernen Hafen bot. Dann mußten sie halten, um sich nach dem rechten Weg zu erkundigen, und fuhren nun mehrere Meilen auf einem verlassenen Karrenweg über die Hochebene. Es wurde schon dunkel, und Coleman fuhr langsam. Rechter Hand lag eine einsame Hütte, und ein kleiner Junge und ein barfüßiges Mädchen spielten draußen im Hof. Er hielt wieder.

«Ich glaube, hier sollte es sein», sagte er, und den Kindern rief er zu: «Wohnt hier Mrs. Ryan?»

«Ja, Sir», antwortete der kleine Junge.

«Und ist das die Marie?» fragte Coleman und zeigte auf das Mädchen.

«Nein, Sir», sagte der Junge.

«Aber wo ist denn die Marie?» fragte Coleman, und plötzlich tauchte eine hochgewachsene, kräftige Bäuerin mit roten Wangen neben dem weißen Torpfosten auf. Später dachte Joe, daß er den ersten Eindruck von ihr, neben dem weißen Torpfosten und vor den roten Fuchsienbüschen, wohl nie würde vergessen können.

«Ist das der Herr aus England?» fragte sie. «Marie ist im Haus. Wollen Sie nicht näher treten?»

Joe stieg als erster aus und reichte ihr die Hand. «Ich bin Joe Saunders, der Mann von Brigid Healy», sagte er. «Und das ist Mr. Coleman, der Direktor meines Hotels, der so liebenswürdig war, mich herzufahren.»

«Ich hatte schon gedacht, Sie würden nicht mehr kommen», sagte sie und ließ beim Lächeln ihre großen weißen Zähne sehen, die ebenso derb wie ihr Gesicht waren. «Treten Sie ein, bitte! Es ist leider sehr unordentlich, aber das kommt bloß von den Kindern.»

«Oh, Sie brauchen sich nicht zu entschuldigen, Mrs. Ryan», sagte Joe. «Ich stamme selber aus einer großen Familie.»

Aber trotz seiner großen Londoner Familie war Joe doch nicht auf den Anblick in der engen kleinen Hütte vorbereitet. Die Schlafzimmertür stand offen, und anscheinend war das große Bett noch nicht gemacht worden. Die Wände der Küche, in der sie standen, waren kahl

– bis auf einen Kalender vom Kaufmann, der an der Innenseite der Haustür hing. Rund ums offene Feuer des Küchenkamins saßen noch drei Kinder, deren Gesichter Joe im Dämmerlicht kaum sehen konnte, doch er wußte gleich, daß die Kleine, die sich die Füße am Feuer wärmte, Brigids Kind sein mußte.

«Das ist Miss Healys kleines Mädchen», sagte Mrs. Ryan. «Sie ist ihr wie aus dem Gesicht geschnitten, aber das können Sie wohl nicht sehen. Ich will schnell die Lampe anzünden. Sicher möchten Sie gern eine Tasse Tee nach der langen Fahrt?»

«Nein, danke, Mrs. Ryan», sagte Joe. «Wir haben gerade erst gegessen. Und wir wollen auch nicht lange bleiben. Wir dachten, wir sollten Marie erst morgen mitnehmen, damit Sie Zeit haben, sie zurechtzumachen ... Hallo, Marie», sagte er und nahm die Hand der Kleinen. «Du weißt sicher nicht, wer ich bin, hm?»

«Hallo, Marie», rief Mr. Coleman und nahm ebenfalls die kalte, schmutzige Hand des kleinen Mädchens. Das Kind blickte ausdruckslos zu ihnen auf.

«Springt nach draußen und spielt mit Martha und Michael!» rief Mrs. Ryan. «Und nehmt auch Kitty mit!» Die Kinder gingen stumm hinaus und schlossen hinter sich die Haustür. Sie benahmen sich nicht, als ob sie Angst, sondern als ob sie keinen Grund hätten, etwa *nicht* zu gehorchen. Irgendwie machte das einen viel stärkeren Eindruck, als wenn sie Angst gehabt hätten. Marie saß wieder still auf ihrem Schemelchen. Mrs. Ryan zündete die Lampe an.

«Nehmen Sie doch Platz», sagte sie, zog zwei Stühle ans Feuer und fuhr mit der Schürze rasch über die Sitzflächen. «Und wie geht's Miss Healy? Sie müssen schon entschuldigen, aber ich habe ihren Frauennamen vergessen.»

«Saunders», sagte Joe, setzte sich und öffnete den kleinen Koffer, den er mitgebracht hatte. «Es geht ihr gut, Mrs. Ryan. Sie hat Ihnen ja geschrieben, daß wir jetzt selbst ein kleines Mädchen haben. Meine Frau hat sich nicht wohl gefühlt, als wir nach Dublin kamen, sonst wäre sie jetzt auch hier. Ich habe ein paar Sachen für die Kleine mitgebracht, und vielleicht sagen Sie mir, ob sie ihr ungefähr passen?»

Er reichte ihr das Kleidchen, den Mantel und den Hut, und sie hielt sie mit mattem Lächeln ans Licht.

«*Wisha*, sind die prächtig! Oh, Marie, bist du ein Glückskind! Wollen Sie wirklich keinen Tee? Das Wasser kocht in einer Minute!»

«Nein, danke», sagte Joe und trat an die Halbtür. Wieder bot sich ihm ein Anblick, den er nie vergessen würde: der Lampenschimmer auf der Fuchsienhecke und dem weißen Zaunpfosten, davor vier kauernde Kinder, die zusammen tuschelten. «Kommt nur lieber wieder ins Haus», sagte er lächelnd. «Sicher habt ihr jedes Wort gehört, das wir gesprochen haben. Sind das alles Ihre Kinder, Mrs. Ryan?»

«O nein, Sir», antwortete sie beinahe vorwurfsvoll. «Wir haben keine eigenen Kinder.»

Die Kinder kamen in die Küche und stellten sich verlegen vor dem Küchenspind auf, zwei kleine Knaben und zwei kleine Mädchen waren es, offenbar gut ernährt, wenn auch nicht sauber oder gut gekleidet, doch irgendwie fehlte ihnen allen die natürliche Ungezwungenheit anderer Kinder. Joe holte eine Handvoll Kleingeld aus der Tasche und verteilte es. Die Kinder nahmen das Geld gehorsam in Empfang.

«Und du, Marie», fragte er und beugte sich über das Kind auf dem Schemelchen, «freust du dich ein bißchen, daß ich dein Papi bin?»

«Sie ist scheu», entschuldigte sich Mrs. Ryan, als das

Kind nicht antwortete. «Sie kann den Mund weit genug aufmachen, wenn sie will.»

«Fein», sagte Joe. «Dann wird's bald lustig bei uns zugehen! Kann mir vorstellen, wie die kleine Dame ist!»

Sie setzten sich wieder und plauderten noch ein paar Minuten. Dann verabschiedete sich Joe, gab Marie einen Kuß und tätschelte den andern Kindern den Kopf. Auf dem Feldweg draußen war es schon dunkel, und er war froh über die Scheinwerfer, die wie Rampenlicht über die grünen Böschungen spielten.

«Ich weiß nicht, wie Ihnen zumute ist», sagte Coleman, «aber ich brauche jedenfalls einen Drink.»

«Ich möchte lieber erst ein paar Spielsachen für die andern Kinder kaufen», schlug Joe vor.

«Dafür ist's leider zu spät», erwiderte Coleman. «Die Geschäfte sind bis Montag früh geschlossen. Vielleicht können Sie in einem Kiosk ein paar Tüten Bonbons und etwas billiges Spielzeug bekommen. Wenn Sie denken, daß die Kinder das Geld nicht lange behalten werden, dann gebe ich Ihnen durchaus recht.»

Als sie das Hotel betraten, blickte der Nachtportier von seiner Abendzeitung auf und sagte: «Abend, Sir, Abend, Mr. Saunders.» In seiner Art lag etwas, das Joe verriet, sein Fall sei bereits durchgesprochen worden. Auch der Kellner, der ihnen etwas zu trinken brachte, schien im Bilde zu sein, und Joe hatte den Eindruck, er billige die ganze Sache. Vielleicht kannte er ja Brigid sogar? Sie und Maries Vater konnten tatsächlich hier in der Halle gegessen haben, in der jetzt andere junge Paare unter den verschiedenen Lampenschirmen saßen.

Am nächsten Morgen war er etwas heiterer. Der Klang der Kirchenglocken hatte ihn geweckt. Er hatte noch nie so viele Glocken gehört – aber vielleicht klang das Geläut im Talkessel viel stärker. Als sie aus der

Stadt fuhren, sahen sie gutgekleidete Menschen in die Kirchen strömen. In dem kleinen Dorf stand eine größere Gruppe vor der Kirche und eine kleinere vor der Kneipe.

Die vier Kinder warteten schon am Straßenrand auf sie, und als der Wagen sich näherte, stürzten zwei in die Küche, um sie anzumelden. Sie waren alle vier gewaschen, und zwei trugen Stiefel. Die Männer traten ein und sahen Marie auf einem niedrigen Stuhl neben der Küchentür sitzen – steif und wie angeleimt, damit sie das neue Kleid nicht beschmutzte. Sie blickte zu ihnen auf und zeigte ihre Schuhe. «Da! Schuhe!» rief sie schrill, und Joe bückte sich, um sie zu bewundern, und sah, daß sie zu groß waren.

Er verteilte die paar Geschenke, die er hatte kaufen können, schüttelte Mrs. Ryan die Hand und trug die kleine Marie zum Wagen hinaus. Die andern Kinder folgten ihnen, und er gab jedem der Reihe nach die Hand. Als er aufblickte, sah er die hohe Gestalt Mrs. Ryans, die am Torpfosten lehnte und den verlassenen Weg entlangstarrte. Dann sprang der Motor an, und er drehte sich um und winkte den Kindern Lebewohl. Sie standen zusammengedrängt vor dem Tor und hielten die Geschenke fest umklammert; er sah, daß sie alle leise vor sich hin weinten. Sie weinten nicht, wie andere Kinder weinen, unbeherrscht und voller Genuß, sondern ohne Hoffnung, wie alte Leute weinen, die vom Leben übergangen wurden. Sein erster Gedanke war, Marie den Anblick zu ersparen, aber er hätte sich deshalb nicht sorgen brauchen. Sie beugte sich vornüber und streichelte ihre Schuhe. Coleman fuhr weiter und hatte den Blick starr auf den sich schlängelnden Feldweg geheftet; sein dickes Gesicht war ausdruckslos.

«Ich möchte wohl wissen, ob Sie gesehen haben, was

ich sah», sagte Joe schließlich, und Coleman stierte ihn an.

«Ich fürchte, daß ich es niemals vergessen werde», sagte er.

Sinnlichkeit im Zeichen des Krebses

Die Krebs-Frau ist ein herrlich wildes Weib

Man braucht einen Kompaß, wenn man durch die Seelenlandschaft dieser Dame reisen will. Hat man nicht den richtigen, verirrt man sich und vermag nicht zu bestimmen, wo man mit ihr dran ist.

Im Zweifelsfall erinnere man sich der folgenden Regel: Sie ist abhängig von der Unterstützung ihrer Nächsten, aber zu scheu, ihren Gefühlen Ausdruck zu verleihen. Und sie erträgt keine Kritik, vor allem nicht, wenn sie dabei lächerlich gemacht wird. Nichts verletzt sie mehr, nichts findet sie grausamer und ungerechter. Die schmerzliche Erinnerung daran bleibt haften, bis sich ihr eine Möglichkeit bietet, Rache zu üben.

Sie hat überhaupt ein Gedächtnis, als ob die Erinnerungen in eine Stahlplatte graviert wären. Sie sind kaum auszulöschen. Sie verblüfft immer wieder mit der genauen Wiedergabe einmal gesprochener Worte und kann ganze Unterhaltungen wiederholen.

Das liegt nicht zuletzt daran, daß die Krebs-Frau die Vergangenheit hegt. Am liebsten würde sie darin weiterleben, und wenn sie zum Okkulten neigt, glaubt sie an ein früheres Leben. Sie liest gern historische Bücher und richtet ihre Wohnung vorzugsweise mit Antiquitäten ein. Sie liebt Ahnenbilder, die ihrem Sinn für Kontinuität entsprechen. Das Leben bedeutet für sie nicht nur das Hier und das Jetzt.

Sie ist häuslich und verwendet viele genußreiche Stunden darauf, ihr Heim nach ihrem Geschmack einzurichten. Ihr Sinn fürs Dekorative ist manchmal ein wenig altmodisch, jedoch nie kitschig. Ihre Küche ist so warm und einladend wie auf einem alten niederländischen Gemälde. Das eigene Heim ist wirklich ihr Reich.

Niemand verläßt ihr Haus hungrig. Sie kocht vorzüglich. Ihr Kühlschrank ist bis obenhin gefüllt mit Vorräten und guten Dingen. Das gehört zu ihrem übermächtigen Verlangen nach Sicherheit. Sie muß einfach wissen, woher ihr nächstes Mahl kommt – und ihr nächstes Monatsgeld. Sie weiß, daß Geld zählt.

Sie ist nicht geizig, aber sie legt Geld auf die Seite, um gegen schlechte Zeiten gefeit zu sein. Sie trennt sich vom Geld nur gern, um es als Balsam für eine seelische Wunde zu benützen. Ein seelisches Trauma kann durch eine Einkaufsorgie geheilt werden, aber selbst dann neigt sie dazu, das Geld wertbeständig anzulegen, etwa in Brillanten.

Sie klatscht nicht. Man kann ihr unbesorgt ein Geheimnis anvertrauen, sie wird es nicht weitertragen. Wenn es sich um Bekenntnisse handelt, ist sie buchstäblich verschwiegen wie ein Grab.

Andererseits ist sie eine wunderbare Erzählerin. Es ist ein Vergnügen, ihr zuzuhören, wenn sie Geschichten und Anekdoten erzählt, meistens aus der eigenen Vergangenheit oder von ihrer Familie. Sie hält ihre Zuhörer in Bann, indem sie den Ton leicht ändert, fein nuanciert und Wortbilder anwendet, die einem Dichter Ehre machen würden. Witze kann sie allerdings nicht erzählen. Denn wenn sie etwas komisch findet, kann sie sich vor Lachen kaum mehr beherrschen. Sie brüllt dann geradezu vor Lachen. Und dieses Lachen ist nicht ihre beste Eigenschaft. Es ist albern, beinahe hysterisch.

Sie ist ihren Freunden treu, auch dem Mann, mit dem sie sich verbindet. Manchmal hat ihre Treue etwas Klettenhaftes. Dafür erwartet sie auch vom andern ständig Liebesbeweise. Sie muß umsorgt und gelobt, möchte umschwärmt und angebetet werden. Sie muß mit zarter Behutsamkeit und geduldiger Rücksichtnahme behandelt werden, denn vor einem draufgängerischen Mann weicht sie zurück.

Es fällt ihr schwer, sich in Liebe hinzugeben, obwohl sie auf Männer wegen ihrer Bescheidenheit, Heiterkeit und ihres echten Mitgefühls sehr anziehend wirkt. Sie ist das scheue, liebliche Mädchen in weißem Organdy, dessen Bild jeder Mann in einem Geheimfach seiner Seele mit sich herumträgt. Wenn man sie erobern will, darf man Rosen, Kerzenlicht, Champagner und Liebesgedichte nicht mißachten. Es wird keine schnelle Eroberung sein. Ja, es wird sich wahrscheinlich um alles oder nichts handeln, um Leben oder Sterben, um Heirat oder Trennung für immer. Die Entscheidung sollte der Mann sorgsam abwägen. Verliert er sie, so wird ihn die Erinnerung nie mehr loslassen.

Zwei Dinge muß diese Frau, deren Sonnenzeichen vom Mond beherrscht wird, im Verein haben – Liebe und Geborgenheit. Sie sucht jene Liebe, die über Leidenschaft hinausgeht, und das bedeutet Heim, Kinder, eine stabile Beziehung. Sie läßt den Mann nicht in ihr Schlafzimmer, bevor sie seiner langfristigen Absichten sicher ist.

Wenn sie wahre Liebe findet, tut sie alles für den Mann. Ihre Aufrichtigkeit in der Liebe macht sie zur schlechtesten aller Kandidatinnen, sobald es um bezahlte Gunst geht.

Wenn sie sich einem Mann hingibt, bleibt sie ihm auch

treu. Jeder Mann, der sie als Geliebte gewinnt, ist gut beraten, wenn er sie zu seiner Frau macht – nur um sicherzugehen, daß er diesen Schatz nicht verliert!

Nicht etwa, daß er sich deswegen Sorgen zu machen brauchte. Sie ist der Prototyp der Frau, die zu ihrem Mann steht. Sie steht auch dann zu ihm, wenn er Alkoholiker, Schürzenjäger oder ein Ekel ist. Manche Männer beklagen sich, diese alles verzeihende Liebe könne auf die Nerven gehen, und Psychologen erklären sie mit der unbewußten Angst, unwürdig zu sein und deshalb in der Liebe nichts fordern zu dürfen.

Die Krebs-Frau nimmt Liebessignale zwar sehr schnell wahr, wird aber nie den ersten Schritt tun. Dazu ist sie zu scheu; außerdem befürchtet sie, daß sie auf Kritik stößt, wenn sie sich allzuweit aus ihrer Schale hinauswagt. Sie muß auf subtile Weise ermutigt werden, bis ihre erotische Phantasie von Hemmungen frei ist. Ihr muß gezeigt werden, daß sie sich in der Liebe von ihren Gefühlen hinreißen lassen darf.

Ihr sensibles Wesen wird durch die Einstellung des Partners stark beeinflußt. Ist er verständnisvoll, mitfühlend, zart, rücksichtsvoll, wird sie sich entfalten wie eine Blume unter den wärmenden Sonnenstrahlen. Ein barsches Wort, eine falsche Bewegung oder eine grobe Bemerkung bewirkt, daß sie sich sofort zurückzieht. Die Schale ihres Selbstvertrauens ist sehr zerbrechlich.

Sie kann eine wundervolle Geliebte sein, denn sie ist intensivster Sinnlichkeit fähig. Die Freude, die sie fühlt, wenn sie sich von früheren Hemmungen befreit hat, wird jeden Mann beglücken. Ihre Berührung ist leicht und behutsam wie ein fallendes Blatt. Sie streichelt gern und läßt sich ebensogern streicheln. Sie spricht auf Gerüche an, besonders auf Bade- und Körperöle.

Der Mann sollte im Anfang an ihre mütterliche und

sentimentale Seite appellieren, denn das wird die Bindung erhöhen und vertiefen. Aber er darf nie vergessen, daß bei der Krebs-Frau auch Zeit und Gelegenheit stimmen müssen. Sie muß glauben, daß es sich wirklich um Liebe handelt.

Krebs-Frauen lechzen nach Bewunderung. Komplimente sind für sie wichtig. Eine Umgebung, die ihr zusagt, ist der Strand bei Mondenschein. Unter den Strahlen des Mondes, beim Lied der Wellen kann sie die letzten Hemmungen abschütteln und eine Seite ihrer Natur enthüllen, die man ihr nie zugetraut hätte – sie wird ein herrliches wildes Weib.

Der Krebs-Mann – ein Charmeur der alten Schule

Man kann in ihm nicht wie in einem offenen Buch lesen, denn er zeigt Fremden eine undurchsichtige Seite. Er trägt sich sogar mit Geheimnissen, die er nie enthüllt, nicht einmal dem engsten Freund.

Er ist ruhelos, neigt zum Brüten, ist ein Idealist und ein sehr sentimentaler Träumer. Da er vom zunehmenden und abnehmenden Mond beherrscht wird, erlebt er gefühlsmäßig wunderbare Höhen und abgründige Tiefen, und er hat die Fähigkeit, andere Menschen in die eine oder andere Richtung mitzuziehen. Bei der ersten Begegnung erscheint er vielleicht aufgeräumt und zum Flirten geneigt, aber das ist nur eine seiner Stimmungen. Bei der nächsten kann er finster und unfreundlich sein. Man weiß nie so recht, woran man bei ihm ist. Selbst wenn man ihn näher kennt, wird man durch seine wechselnden Stimmungen verwirrt. Vielleicht flammt er plötzlich jähzornig auf. Doch wenn man nicht darauf eingeht, entschuldigt er sich zerknirscht.

Er mag an die Frauenbefreiung glauben, aber seine Natur zwingt ihn, sich dem «schwachen Geschlecht» gegenüber als Beschützer zu fühlen. Er ist höflich und galant, ein Charmeur der alten Schule.

Er liebt die Gesellschaft schöner Frauen, besonders wenn sie geistreiche Gesprächspartnerinnen sind. Wer nicht? fragt man da, aber der Unterschied besteht darin, daß auch der Krebs-Mann auf solche Frauen sehr anziehend wirkt. Doch wenn er sie umworben und erobert hat, wird er bald possessiv. Die Geliebte wird es schwer haben, seinen Erwartungen zu entsprechen, denn er erwartet viel zuviel. Die Lage wird dadurch erschwert, daß der Krebs-Mann dazu neigt, zu schmollen und sich in seine Schale zurückzuziehen, wenn er enttäuscht ist, anstatt offen zu sagen, was ihm nicht paßt.

Er genießt Speis und Trank, aber man glaube ja nicht, daß er sich dem Anlaß entsprechend anzieht. Um Kleidung kümmert er sich nicht. Er trägt immer noch seinen alten Pullover und die Tennishosen aus seiner Studentenzeit, die ihm um den Bauch herum etwas eng geworden sind. Der Krebs-Mann hat nichts von einem Pfau.

Er unterhält sich gern und ist oft recht beredsam. Mit Worten kann er andere dazu bringen, ihm überallhin zu folgen und alles zu tun, was er verlangt. Bei Diskussionen kommt ihm sein unglaublich gutes Gedächtnis zustatten. Er hegt feste Ansichten, und alles geht gut, solange man ihm nicht widerspricht. Ist man anderer Meinung, so läßt er nicht locker, bis er den Gegner überzeugt hat. Wenn er an seinen Sieg nicht so recht glaubt, nimmt er die Diskussion bei nächster Gelegenheit wieder auf und bombardiert den andern mit weiteren Argumenten. Die Debatte endet erst, wenn man klein beigibt, sei es auch nur um des lieben Friedens willen.

Er kann aber ebenso gut zuhören. Dann ist er ganz

Ohr. Er fühlt zutiefst mit und ist stets bereit, dem andern bei der Lösung eines Problems zu helfen.

Er ist empfindsam, unsicher und sentimental, trennt sich ungern von alten Freunden, alten Gewohnheiten oder einem Ort, der ihm zur vertrauten Umgebung geworden ist. Eine Freundschaft hält bei ihm das ganze Leben lang. Er kommt sogar gern mit seinen ehemaligen Schulkameraden zusammen, auch wenn er mit ihnen nichts mehr gemeinsam hat. Er scheut und fürchtet Veränderungen in seinem Lebensstil. Er hängt an Erinnerungen, stellt überall in der Wohnung Familienbilder auf und bewahrt Andenken. Er grübelt über vergangene Zeiten und klammert sich hartnäckig an die Vergangenheit.

Er braucht ständig die Bestätigung, daß man ihn liebt.

Man suche bei diesem Mann keine leichte Episode. Dazu nimmt er die Liebe viel zu ernst. Er verlangt von der Geliebten geistige und körperliche Anregung in ungefähr gleichem Maße. Da er selbst unbedingt treu ist, verlangt er auch unbedingte Treue. Er glaubt an die immerwährende Liebe von jener Art, die alle Stürme übersteht und nicht zu erschüttern ist. Das ist sein Rezept für den Seelenfrieden.

Er ist kein Springinsfeld. Heim und Herd bieten ihm die größten Freuden. Er findet, daß die Verträglichkeit im Heim beginnt und die Zufriedenheit im eigenen Garten wächst. Aber er neigt zu einer Selbstgefälligkeit, die an Überheblichkeit grenzt und ihn nur den Splitter im Auge des andern sehen läßt, nicht aber den Balken im eigenen.

Der Krebs-Mann sucht eine langwährende oder dauernde Beziehung zu einer Frau. Wenn es doch zum Bruch kommt, kann er bald eine neue Liebe finden, denn er hat die Fähigkeit, sich schnell anzuschließen. Wer aber sein Herz wirklich gewonnen hat, wird nie vergessen werden, was auch geschehen mag.

Er ist ein kompliziertes Wesen, dessen wechselnde Stimmungen das Leben mit ihm alles andere als leicht machen – auch alles andere als langweilig. Seine beharrliche Zielstrebigkeit ist ein gutes Omen für Erfolg, sein Einfühlungsvermögen und seine Intelligenz prädestinieren ihn zu führenden Rollen in Politik, Literatur und Geschäftsleben.

In Vollmondnächten nehme man sich vor ihm in acht.

In der Liebe braucht er fortwährend Ermutigung. Wird sie ihm zuteil, so ist er ein wunderbarer Liebhaber. Er spielt gern die Rolle des Lehrmeisters, und eine Frau handelt klug, wenn sie ihn glauben läßt, er weihe sie in die wahren Geheimnisse des Liebeslebens ein. Er wird sie Schritt für Schritt einführen, ihr erklären, was und warum er es tut und was sie tun soll. Man unterbreche ihn bloß nicht mit der Bemerkung, das alles schon zu kennen; er würde sich sofort in seinen Panzer zurückziehen und vielleicht nur noch von all den wundervollen Dingen träumen, die gemeinsam hätten erlebt werden können.

Sein außergewöhnliches Gedächtnis kommt dem Krebs-Mann auch in der Liebe zugute. Er erinnert sich an alles, womit er eine Frau jemals zur Leidenschaft angestachelt hat. Er genießt die Befriedigung zu wissen, daß er sie zu beglücken vermag. Er rettet alle seine Jugenderfahrungen ins Erwachsenendasein hinüber und verfeinert sie phantasievoll.

Er ist sowohl geduldig als auch draufgängerisch, und es dürfte nicht leicht sein, eine solche Kombination nochmals zu finden. Vom ersten geflüsterten Vorschlag an weiß er genau, wohin er strebt, auch wenn er einen Umweg einschlägt. Man lasse sich von ihm führen – der Ausflug lohnt sich. Eine Reise ist ja oft ebenso schön wie die Ankunft.

So fängt man's an

Romantische Musik läßt den Krebs schwelgen

Ein geschickter Schachzug: Man frage den Krebs-Geborenen um seinen Rat. Da er Fremden gegenüber mitfühlend und hilfreich ist, sind seine Ratschläge immer schätzenswert.

Vor der uralten Eröffnung «Kennen wir uns nicht?» ist dringend abzuraten. Krebse haben ein bemerkenswertes Gedächtnis und erinnern sich an jedes Ereignis, jeden Ort, jedes Gesicht. Damit kommt man bei ihnen also nicht weit.

Krebse sind leicht ins Gespräch zu ziehen, wenn man die Rede auf Kinderhilfsorganisationen bringt. Die Krebs-Frau liebt Kinder in einem Maße, daß ihr schon der Vorwurf gemacht worden ist, sie wolle die ganze Welt bemuttern. Mit dem Krebs-Mann als Vater!

Auch mit politischem Interesse kann man sein Glück versuchen.

Kulturelles zieht fast immer. Besonders stark reagieren Krebse auf Musik. Besonders auf sehr melodische, romantische Musik. Sie bringt ihn in Harmonie mit dem Unendlichen. Ein Eßlokal mit leiser Musik im Hintergrund, ein Zigeunergeiger mit schluchzender Geige – das läßt den Krebs schwelgen. Musik ist der Seele Nahrung, heißt es bei Shakespeare. Für den Krebs trifft das gewiß zu.

Wassersport zieht den Krebs an; er dürfte also für

einen Tag am Strand empfänglich sein. Nacktbaden ist er nicht abgeneigt. Kann er dabei doch seinen Körper zeigen und bewundern lassen.

Man möchte der Krebs-Frau etwas schenken? Am besten wäre etwas fürs Haus: Bilder, Tapeten, ledergebundene Bücher, auch originelle Haushaltsgeräte. Für ihn eignen sich exotisch verpackte Eßwaren oder ein eleganter Silberrahmen mit seinen Initialen. Krebs-Geborene sind gewöhnlich Sammler, und alles, was man ihrer Sammlung hinzufügt, erfreut ihr Herz. Kleine Silbersachen entzücken sie.

Die Familie des Krebses muß sehr gepflegt werden, am meisten die Mutter. Was die Mutter betrifft, sind Krebse sentimental.

Nie, niemals spreche man von früheren Liebesgeschichten. Menschen, die im Leben des andern eine Rolle gespielt haben, bevor er aufgetaucht ist, interessieren den Krebs nicht.

Ein wichtiger Rat: Der Krebs-Geborene sieht es gar nicht gern, wenn man ihn als Selbstverständlichkeit betrachtet. Ein neuer Anzug, neue Ohrringe – das alles muß gebührend beachtet werden.

Vor allem aber viel Vorsicht mit der Überempfindlichkeit der Krebs-Geborenen.

Allein die Formulierung, die neuen Ohrringe seien wirklich hübsch, bringt sie auf die Vermutung, die vom letzten Mal seien es nicht gewesen. Sagt man, er sehe in dem neuen Anzug viel sportlicher aus, glaubt er, man finde, er habe eigentlich eine mickrige Figur. Wenn derartige Reaktionen auftreten, müssen sie sofort ausgebügelt werden, bevor die Kränkung sich festsetzt.

Eine Verabredung mit dem Krebs abzusagen, weil man sich nicht wohl fühlt – das wäre töricht. Denn gerade da kann er seinen Beschützertrieb ausleben. Er ist der Kraftspender, der Leuchtturm im Nebel, den jeder braucht, der eine Klippe umschiffen muß. Mit wahrer Begeisterung bringt er Obst, liest aus einem Buch vor, bedient den Plattenspieler oder ist es zufrieden, Händchen zu halten. Ebenso willig verabreicht er Medizin und füttert den Bettlägerigen. Wer noch nie von einem Krebs umsorgt worden ist, der weiß nicht, wie schön die Zweisamkeit mit ihm sein kann. Es ist zwar nur eine andere Form seiner Besitzgier, aber man sollte sie genießen, ohne allzusehr nach den Gründen zu forschen.

Johann Peter Hebel

Tausch

Eines Tages saß der Frieder ganz betrübt in einem Wirtshaus und dachte daran, wie ihn zuerst der rote Dieter und dann sein eigener Bruder verlassen haben und wie er jetzt allein ist. «Nein», dachte er, «es ist bald keinem Menschen mehr zu trauen, und wenn man meint, es sei einer noch so ehrlich, so ist er ein Spitzbube.»

Unterdessen kommen mehrere Gäste in das Wirtshaus und trinken neuen Wein, und wißt Ihr auch, sagte einer, daß der Zundelfrieder im Land ist und wird morgen im ganzen Amt ein Treibjagen auf ihn angestellt, und der Amtmann und die Schreiber stehen auf dem Anstand? Als das der Frieder hörte, wurde es ihm grün und gelb vor den Augen, denn er dachte, es kenne ihn einer, und jetzt sei er verraten. Ein anderer aber sagte: Es ist wieder einmal ein blinder Lärm. Sitzen nicht der Heiner und sein Bruder zu Wollenstein im Zuchthaus?

Drüber kommt auf einem wohlgenährten Schimmel der Brassenheimer Müller mit roten Pausbacken und kleinen freundlichen Augen dahergeritten. Und als er in die Stube kam und tut den Kameraden, die bei dem Neuen sitzen, Bescheid und hört, daß sie von dem Zundelfrieder sprechen, sagt er: «Ich hab schon so viel von dem Zundelfrieder erzählen gehört. Ich möcht ihn doch auch einmal sehen.»

Da sagte ein anderer: «Nehmt Euch in acht, daß Ihr ihn nicht zu früh zu sehen bekommt. Es geht die Rede, er sei wieder im Land.»

Aber der Müller mit seinen Pausbacken sagte: «Pah! Ich komm noch bei guter Tageszeit durch den Fridstädter Wald, dann bin ich auf der Landstraße, und wenn's fehlen will, geb ich dem Schimmel die Sporen.»

Als das der Frieder hörte, fragte er die Wirtin, was bin ich schuldig, und geht dort in den Fridstädter Wald. Unterwegs begegnet ihm auf der Bettelfuhr ein lahmer Mensch. «Gebt mir für ein Käsperlein Eure Krücke», sagte er zu dem lahmen Soldaten. «Ich habe das linke Bein übertreten, daß ich laut aufschreien möchte, wenn ich drauf treten muß. Im nächsten Dorf macht Euch der Wagner eine neue.» Also gab ihm der Bettler die Krücke.

Bald darauf gehen zwei betrunkene Soldaten an ihm vorbei und singen das Reiterlied. Wie er in den Fridstädter Wald kommt, hängt er die Krücke an einen hohen Ast, setzt sich ungefähr sechs Schritte davon weg an die Straße und zieht das linke Bein zusammen, als wenn er lahm wäre. Drüber kommt auf stattlichem Schimmel der Müller daher trottiert und macht ein Gesicht, als wenn er sagen wollte: Bin ich nicht der reiche Müller, und bin ich nicht der schöne Müller, und bin ich nicht der witzige Müller? Als aber der witzige Müller zu dem Frieder kam, sagt der Frieder mit kläglicher Stimme: «Wolltet Ihr nicht ein Werk der Barmherzigkeit tun an einem armen lahmen Mann? Zwei betrunkene Soldaten, sie werden Euch wohl begegnet sein, haben mir all mein Almosengeld abgenommen und haben mir aus Bosheit, daß es so wenig war, die Krücke auf jenen Baum geschleudert, und sie ist an den Ästen hängen blieben, daß ich nun nimmer weiter kann. Wollt Ihr nicht so gut sein und sie mit Eurer Peitsche herabzwicken?»

Der Müller sagte: «Ja, sie sind mir begegnet an der Waldspitze. Sie haben gesungen: So herzig wie mein Liesele ist halt nichts auf der Welt.»

Weil aber der Müller auf einem schmalen Steg über einen Graben zu dem Baume mußte, so stieg er von dem Roß ab, um die Krücke herabzuzwicken. Als er aber an dem Baum war und schaut hinauf, schwingt sich der Frieder schnell wie ein Adler auf den stattlichen Schimmel, gibt ihm mit dem Absatz die Sporen und reitet davon.

«Laßt Euch das Gehen nicht verdrießen», rief er dem Müller zurück, «und wenn Ihr heimkommt, so richtet Eurer Frau einen Gruß aus von dem Zundelfrieder!»

Als er aber eine Viertelstunde nach Betzeit nach Brassenheim und an die Mühle kam, und alle Räder klapperten, daß ihn niemand hörte, stieg er vor der Mühle ab, band dem Müller den Schimmel wieder an der Haustür an und setzte seinen Weg zu Fuß fort.

Ilse Gräfin von Bredow

Fräulein Gräßlich

Mit unseren Hauslehrerinnen hatten wir kein Glück. Sie wechselten fast jedes Jahr, und keinerlei Abschiedsschmerz war in ihren Augen zu lesen, wenn sie uns verließen. Vater sah nicht ein, warum wir nicht die Dorfschule besuchen sollten, und so wurde auch die neue Hauslehrerin, lange bevor sie für uns Gestalt annahm, zwischen den Eltern bereits zum Zankapfel.

«Lies mal, Alfred!» Mutter reichte Vater beim Abendbrot einen Zettel über den Tisch.

«Auf großem Forstgut in landschaftlich reizvoller Lage», las Vater laut, «wird Hauslehrerin gesucht. Voller Familienanschluß...» Hier stockte er. «Du hast doch wohl die Anzeige noch nicht aufgegeben?»

«Nicht direkt», sagte Mutter ausweichend.

«Was heißt das?»

«Na ja, auf der Post liegt sie schon.»

«Und warum werde ich nicht gefragt? Habe ich nicht klar und deutlich gesagt, daß ich nie wieder jemand Fremden im Haus haben will?»

«Hast du», bestätigte Mutter, «und klar und deutlich habe ich dir auseinandergesetzt, daß wir die Kinder unmöglich jeden Tag vier Kilometer durch den Wald in die Schule schicken können.»

«Mit dem Rad ein Katzensprung», verteidigte sich Vater.

«Besonders bei hohem Schnee und Glatteis!»

«Dann nehmen wir wieder den alten Scheel», wehrte sich Vater verzweifelt. «Mir gefällt der Mann. Einer noch so richtig von der alten Lehrersorte.»

Der alte Scheel war längst pensioniert und hielt viel von biblischen Geschichten. Wir schrieben bei ihm nur Einsen und Zweien, und unter jedem Zeugnis stand: «Der Schüler hat wieder große Fortschritte gemacht.» Doch das half meinem Bruder bei der Aufnahmeprüfung fürs Gymnasium wenig, obwohl er das Gleichnis vom verlorenen Sohn ohne Stocken aufzusagen wußte und sein pathetisches «Er verbrachte seine Tage mit Prassen» die Prüfungskommission beeindruckte. Er fiel trotzdem durch, und Vater sagte: «Bestimmt hat er Prassen mit Brassen verwechselt» (einem häufig von uns gefangenen Fisch). Der alte Scheel konnte mit seinem lecken Äppelkahn nur bei Windstille über den See rudern, und windstill – das war es in unserer Gegend selten. Auch hatte er mehr Sinn fürs Praktische. Wenn auf dem Hof geschlachtet oder Heu eingefahren wurde, sagte er händereibend: «Kinder, die Landwirtschaft geht vor», und schickte uns gleich zum Helfen nach draußen.

«Ach, Alfred.» Mutter begann die Kartoffeln zu pellen.

«Ach Alfred, ach Alfred», äffte Vater. «Ich will nicht wieder so ein Fräulein Klacks.»

«Kleck», verbesserte Mutter, «Kleck, lieber Alfred. Sie war eine vorzügliche Lehrerin, die sicherlich noch bei uns wäre, wenn du sie nicht vergrault hättest.»

Wir kicherten. Fräulein Kleck glaubte nämlich an Seelenwanderung und daß sich ihre Seele, während sie schlief, vom Körper löste. Sie hatte sich bitter über Lore beklagt, die wie eine Verrückte gegen die Tür bummere, um sie zu wecken, anstatt vernünftig anzuklopfen. Ihre Seele führe deshalb mit so einem Ruck in den Körper zurück, daß sie den ganzen Tag davon wie benommen sei.

Natürlich war Vater nichts Besseres eingefallen, als am nächsten Morgen laut vor ihrer Tür zu singen: «Die Seele schwinget sich wohl in die Luft, juchhe, der müde Leib bleibt auf dem Kanapee.» Diesen Affront hatte das sensible Fräulein nicht verkraftet.

Mutter wandte sich zu uns: «Ihr mochtet sie, nicht wahr?»

Unsere Zustimmung war laurig. Vater hatte seinen Habichtblick. Jeden Augenblick konnte er auf uns herabstoßen. Sein Lächeln, mit dem er Mutters Vorwurf quittierte, war denn auch so stechend wie Sonnenschein kurz vor Ausbruch eines Gewitters, als er drohend scherzte: «Die Dorfschule ist genau das richtige für euch. Da müßt ihr auf Erbsen knien, wenn ihr frech seid.» Mutter überhörte seine Bemerkung. Sie kostete andachtsvoll Mamsells Leberpastete.

«Mein letztes Wort», rief Vater herausfordernd. «Ein fremder Mensch kommt mir nicht noch einmal ins Haus!»

«Ausgezeichnet abgeschmeckt», lobte Mutter zufrieden. «Entschuldige, Alfred, was hast du eben gesagt?»

Das Ungewitter entlud sich. «Vielleicht hörst du mir einmal zu. Ein einziges Mal!» Er schmiß seine Serviette mitten in die Specksoße, daß sie über das Tischtuch spritzte, und schmetterte beim Hinausgehen die Tür heftig hinter sich zu. Prompt gerieten die Messingschalen auf dem Bord über der Tür ins Rutschen und polterten zu Boden. Kurz darauf klappte die Haustür. Vater hatte uns grollend verlassen. Er hatte sich in seinen geliebten Wald zurückgezogen, um nichts mehr von uns zu hören und zu sehen.

Nach seinem Abgang brach jede Ordnung zusammen. Wir überschrien uns gegenseitig, schnitten die zu scharf gebackene Rinde vom Brot, was Vater nie duldete, und kippten uns mindestens fünf Löffel Zucker in den Kakao. «Nun mal nicht gleich so aus dem Häuschen», sagte Mutter milde. «Vater hat heute wieder starke Schmerzen in seinem zerschossenen Bein, da könnt ihr ruhig ein wenig mehr Rücksicht nehmen.»

Zwei Stunden später saßen die Eltern bereits wieder friedlich zusammen auf der Veranda und lauschten den Geräuschen der Nacht. Die Einstellung einer neuen Lehrerin war beschlossene Sache. Als wir zum Gutenachtsagen erschienen, hatte Mutter unseren Vater bereits wieder als Familienoberhaupt aufgeschirrt, und sie brachte uns auf Trab, ihm unseren Respekt zu zeigen.

Angelockt von Mutters groß aufgemachter Anzeige, ging ihr ein Fräulein Weber ins Netz. In einem dunkelblauen Gabardinemantel, einen Topfhut von der gleichen Farbe auf dem ondulierten Blondhaar, stand sie in unserem Hausflur. Ihr Blick schweifte leicht verstört über die Unordnung von Fußsäcken, Schmierstiefeln, Hundeleinen, Patronentaschen, Wollmützen und Lodenmänteln und blieb erschreckt auf meinem Freund Bruno haften, der sie, seinen Kater auf den Schultern, anstarrte, als sei sie die Roggenmuhme höchstpersönlich. Sein Anblick und der ihres zukünftigen Heims verschlugen ihr die Sprache. Nicht, daß sie gerade ein zweites Sanssouci erwartet hätte, aber doch wenigstens ein für Aristokraten standesgemäßes Landhaus mit Park, marmornen Putten, einem Springbrunnen und einer kiesbestreuten, buchsbaumgesäumten Auffahrt. Ein Haus mit einer Eingangshalle, einem knicksenden Mädchen mit Häubchen und einem würdigen Greis als Diener. Statt dessen befand sie sich in einem schlichten Forsthaus, das weder elektrisches

Licht noch fließendes Wasser oder Zentralheizung hatte, dafür abgetretene Kokosläufer, stockfleckige Spiegel, tote Fliegen auf den Fensterbrettern und Altväter-Hausrat.

«Willkommen, willkommen», rief Mutter mit einer vor Aufregung ganz unnatürlichen Stimme. «Was für ein hübsches Mäntelchen Sie haben – und erst das Hütchen! Sie Ärmste sind sicher bei dem Regenwetter ganz durchgefroren.» Mutter sprach mit ihr wie mit einer Schwachsinnigen. Doch sie ließ mir keine Zeit, mich darüber zu schämen. «Los Kind», sagte sie, «zeig dem Fräulein ihr Zimmer. In einer Stunde wird gegessen!»

Das Fräulein wusch sich sorgfältig in der mit Seelilien bemalten porzellanenen Waschschüssel die Hände, seufzte einmal tief auf und schenkte mir einen schrägen Blick: «Du bist also mein jüngster Zögling.»

Es klang abwertend. So, als sei ich eine Quecke im Blumenbeet, die man rupfen mußte. Ich sah ihr zu, wie sie sich das Blondhaar kämmte, sich das Gesicht puderte und die Lippen nachzog. Ich fand, sie sah genau wie die Frauen auf meinen Oblatenbildchen aus mit ihren vollen, weißen Oberarmen, dem Herzmündchen und den leicht hervorstehenden, vergißmeinnichtblauen Augen.

Sie zog sich den Gürtel ihres Jumperkleides tiefer und tupfte sich Parfüm hinters Ohr. Köstlicher Duft drang mir in die Nase.

«Na, du kleine Landpomeranze», sagte sie gönnerhaft, «dann laß uns man zu deinen Eltern gehen.»

Bevor der Gong zum Essen ertönte, war Hausbesichtigung. Vera und ich trotteten mit. Bisher hatten wir an unserer Einrichtung nichts auszusetzen gehabt. Aber unter dem verächtlichen Blick des Fräuleins schienen die Gardinen tatsächlich vor Altersschwäche fast von den Messingstangen zu fallen, wirkten die Mahagonimöbel wurmstichig und zerschrammt, verbreiterten sich die Dielenritzen, die mit Staub und allerlei zu Boden gerollten Kleinigkeiten gefüllt waren, zu klaftertiefen Spalten, wurde, was sich seit Generationen angesammelt hatte, zu unnützem Trödelkram. Nur Mutters Flügel fand Gnade vor des Fräuleins Augen: «Bechstein immerhin», sagte sie und klappte den Deckel zu.

Es gab ihr zu Ehren Aal in Dillsoße und hinterher Weingelee. Sie schien das für ein alltägliches Gutsmenü zu halten, denn sie mampfte den Aal so freudlos, als sei es falscher Hase, und breitete ihre Bildung vor uns aus wie Missionare bunte Perlen vor staunenden Wilden.

Vaters Miene verfinsterte sich mehr und mehr. Beim Mittagessen wurde sonst wenig geredet. Vater, der den Vormittag im Wald gepflanzt, gehackt und Bäume zum Schlagen angezeichnet hatte, war kaum zu geistreichen Tischgesprächen aufgelegt. Als Mutter endlich das Zeichen zum Aufstehen gab, riß es ihn förmlich vom Stuhl, und er flüchtete in sein Arbeitszimmer. Die Stunde nach dem Mittagessen war ihm heilig. Dann hielt er auf seinem alten Leutnantssofa Mittagsschlaf, Gesicht und Hände zum Schutz gegen die Fliegen mit einem Taschentuch bedeckt. Kaum hatte er die Tür zu seiner Höhle geöffnet, stand das Fräulein neben ihm. Vater erschrak furchtbar. «Gertrud», rief er hilfesuchend, «Gertrud!»

Mutter eilte zu seinem Schutz herbei. Mit bewährter Gattinnenroutine komplimentierte sie die Lehrerin hinaus, ehe sie in Vaters Zimmer Fuß fassen konnte.

Vielleicht hätte sich Vater schneller mit ihrer Anwesenheit abgefunden, wenn ihr unsere Lebensweise mehr zugesagt hätte. Aber Fräulein Weber war durch und durch eine Großstädterin. Natur mußte sich für sie gepflegt und ordentlich präsentieren, mit anständigen Wegen, auf denen man vernünftig laufen konnte und sich nicht die Beine an Brennesseln verbrannte oder über

Wurzeln und Löcher stolperte. Sie fand nichts Originelles an Schwalben, die im Klo ihr Nest hatten, so daß man in ständiger Angst lebte, etwas auf den Kopf gekleckert zu bekommen. Sie fürchtete sich vor Mäusen und erschrak vor unserem Haushuhn Küki, das im Flur auf der Suche nach einem geeigneten Nistplatz war. Sie wollte nicht zusammen mit Kühen und Pferden im See baden und von ihnen beglotzt werden. Sie fand das alles einfach gräßlich. Und «gräßlich» war denn auch ihr Lieblingswort. Wenn wir im Jagdwagen durch den Wald fuhren und Vater uns eine Käuzchenfamilie zeigte, die wie kleine Wollknäuel auf einem Ast saßen, bewegte sie ihren Kopf mit dem schönen blonden Haar wie eine Schildkröte hin und her und seufzte: «Aber diese Mücken, einfach gräßlich!»

Sie versetzte Mamsell in finstere Wut, weil sie unbedacht ihre Bratkartoffeln als «gräßlich fett» bezeichnete. Lore fiel fast die Treppe hinunter, so eilig hatte sie es, diese Bemerkung an Mamsell weiterzugeben. Daraufhin hantierte Mamsell mit den Töpfen, daß wir es durch den Aufzug bis ins Eßzimmer hörten und Mutter sich für die nächsten Stunden nicht in die Küche traute. Niemals hätte sie eine derart offene Kritik an Mamsell gewagt, die mit dem Hochmut des wahren Künstlers, wenn sie nicht bei Laune war, tatsächlich hin und wieder einen ziemlichen Fraß kochte.

«Ich werd's ihr zeigen, diesem Fräulein Gräßlich», schimpfte Mamsell, und schon hatte das Fräulein seinen Spitznamen weg.

Vater wiederum nahm es übel, daß sie unser Spielgeld, winzige Zuckereier in grellen Farben, die Vater in großen Mengen auf Vorrat in Berlin besorgte, als «gräßlich unhygienisch» bezeichnete, weil diese während unseres Lieblingsspiels, Mauscheln, von Hand zu Hand wanderten, so daß zum Schluß alles klebte, die Karten, unsere

Finger und die Tischdecke, an der wir verstohlen die Hände abwischten.

«Eine richtige alte Jungfer», sagte Vater grollend, während er den Deckel der Truhe aufhielt, damit Mutter nach ihren verlegten Handschuhen wühlen konnte.

«Aber Alfred, ich finde, sie ist eine sehr attraktive Person.»

Mutter war ganz gütige Vermittlerin, was die Sache eher noch schlimmer machte. «Und eine großartige Lehrerin. Hochbegabt, die hat Verstand!»

«Und wenn sie Kant persönlich wäre», sagte Vater unbeeindruckt, «dämlich ist sie trotzdem.»

«Schrei doch nicht so.» Mutter legte überflüssigerweise den Finger an den Mund, was Vater haßte.

«In meinem Haus spreche ich so laut, wie ich will.»

Der Streit wurde durch eine Männerstimme unterbrochen, die «Allseits guten Abend!» wünschte.

Mutter fuhr aus der Truhe hoch, daß sie mit dem Haarnetz an den Eisenbeschlägen hängenblieb. «Sie, Blumenthal? Wir haben Sie schon vor acht Tagen erwartet. Wo haben Sie nur gesteckt?»

«Mal hier, mal da», sagte Blumenthal, der sich ungern festlegte. «Wo soll ich anfangen. Im Kinderzimmer?»

«Blumenthal ist da», rief ich, «Blumenthal ist da!»

«Setz dich gefälligst, und mach deine Rechenaufgaben», befahl das Fräulein ungehalten. «Was gibt es an einem Anstreicher schon Besonderes.»

Aber da irrte das Fräulein. Blumenthal war nicht irgendein beliebiger Maler. Blumenthal war eben Blumenthal und konnte mehr, als Farbe mischen. «Ein hübscher Mann», sagte Lore, «und so adrett», ergänzte Mamsell das Lob. «Hat gute Manieren», meinte Mutter. «Ganz ordentlich soweit», sagte Vater.

Blumenthal kam in unregelmäßigen Abständen ins

Haus geflattert, wie ein Eisvogel an unseren See. Was er die übrige Zeit tat, wovon er lebte, ob er Familie hatte, blieb sein Geheimnis. Der Zufall hatte ihn eines Tages in unser Haus geführt und ihm einen Platz in unseren Herzen eingeräumt. Trotz einer gewissen zur Schau getragenen Emsigkeit war er ein fauler Mensch. Doch darüber sahen wir taktvoll hinweg oder bemerkten es nicht, vor allem Mutter nicht. Wenn Vater sie bei einer ihrer meist recht einseitigen Unterhaltungen mit seinem ewigen «hm, hm» auf die Palme gebracht hatte, kam ihr Blumenthal gerade recht. Sie ging auf einen kleinen Schwatz zu ihm und vergaß Zeit und Stunde. Blumenthal machte es sich dabei bequem und zündete sich ein Pfeifchen an. Zu spät fiel es Mutter dann auf, wie lange er schon seine Arbeit unterbrochen hatte. Wenn sie sich daraufhin hastig erhob und sagte: «Ich halt Sie mal wieder von der Arbeit ab», pflegte Blumenthal ihr schamlos den Schwarzen Peter zuzuschieben, indem er bemerkte: «Hab mich nicht getraut, die Decke weiterzustreichen, wo Sie hier sitzen. Hätt Ihnen leicht was auf den Kopf kleckern können.»

Ja, zuhören konnte er und darüber hinaus jedem das Gefühl geben, ein angenehmer Unterhalter zu sein. Kein Wunder, daß auch Fräulein Weber diesem Charme erlag, obwohl sie erst herumgetönt hatte, wir seien ja völlig blind, dieser Mann sei ein Hochstapler oder Schlimmeres.

Bald ruhten ihre Augen immer häufiger auf Blumenthals braungebranntem, nackten Oberkörper und auf seinen beweglichen, flinken Händen.

«Was ist denn mit der?» fragte Vater. «Die hat jetzt so was in den Augen wie 'ne rossige Stute!»

«Sei nicht vulgär», sagte Mutter.

Selbstverständlich konnte sich das Fräulein als gebildeter Mensch nicht einfach mir nichts, dir nichts in einen simplen Tapetenkleisterer vergucken. So machte sie sich daran, seine Lebensgeschichte ein wenig gefälliger aufzubereiten. Hatten wir gewußt, daß er aus einem Pastorat stammte? Daß seine Eltern starben, als er drei Jahre alt war? Daß er deshalb in einem Waisenhaus aufwachsen mußte? Der arme kleine Kerl!

«Mir haben Sie nie etwas davon erzählt», sagte Mutter gekränkt zu Blumenthal. Er schenkte ihr einen prüfenden Blick aus seinen melancholischen Klappaugen und tunkte den Pinsel vorsichtig in himmelblaue Farbe. «Was gibt's da zu erzählen. Wenn das Fräulein es glaubt. Ich habe nur gesagt, kann sein, kann auch nicht sein.»

«Auf jeden Fall», sagte Mutter, ganz Herrin des Hauses, «verbitte ich mir eine Poussage mit dem Fräulein unter meinem Dach.»

Blumenthals Gegenwart schien Fräulein Webers Prinzipien peu à peu aufzuweichen. So badete sie jetzt ohne Anstellerei mit uns zwischen Pferden und Kühen und machte die ersten verbissenen Versuche, sich im Sattel zu halten. Wilhelm Wenzel neben sich, lernte sie kutschieren, wobei sie allerdings beim ersten Mal den halben Gartenzaun mitnahm. Unter Billis Anleitung schoß sie sogar todesmutig mit der Büchse auf eine Konservendose, und der Rückstoß ließ ihre rechte Backe anschwellen, als hätte sie Mumps. Vater betrachtete die Verwandlung mit einigem Mißtrauen, konnte aber nicht umhin, ihr eine gewisse widerwillige Bewunderung zu zollen.

«Unsere Großstadtpflanze macht sich», sagte er.

«Dafür läßt sie im Unterricht sehr nach», sagte Mutter zweifelnd. «Wie sollen die Kinder da das Pensum schaffen? Auch ihre Vertraulichkeit Blumenthal gegenüber mißfällt mir.»

«Der Kerl fängt an, sich zuviel herauszunehmen», sagte Vater, «und pfuschen tut er außerdem.»

«Ach wirklich? Das kann ich eigentlich nicht finden», verteidigte ihn Mutter.

Nun war Blumenthal ein Mann, der Frauen gern in eine gewisse Unruhe versetzte, es aber dann auch ebensogern dabei beließ. Die offensichtliche und zielstrebige Zuneigung des Fräuleins, die zunächst seiner Eitelkeit geschmeichelt hatte, wurde ihm erst lästig, dann unheimlich. Nach bewährter Methode machte er sich daher eines Nachts unbemerkt auf sachten Socken aus dem Staube. Zurück blieben eine erst zur Hälfte gemalte Küche, ein farbverschmiertes Oberhemd und ein fassungsloses Fräulein.

«Siehste», sagte Vater voller Schadenfreude, «da habt ihr nun euren herrlichen Blumenthal.»

«Sag nicht ihr, wenn du mich meinst.» Mutter war pikiert.

Am selben Tag zeigte sich Vater zu unserer großen Verblüffung dem Fräulein gegenüber plötzlich von der galantesten Seite. Er entwickelte seinen ganzen Waldschratcharme, bot ihr beim Abendbrot fleißig Rotwein an und drängte sie wieder und wieder, noch «einen Happen» zu essen. Wir kratzten unsere Mückenstiche vor Verlegenheit, und Mutter lächelte gezwungen. Dem Fräulein war nicht anzumerken, was sie von seiner Freundlichkeit hielt. Gram umhüllte sie wie Luchnebel, und sie starrte auf ihren Salatteller, als kringle sich dort ein Regenwurm.

Nach dem Essen spielten wir wieder einmal Mauscheln. Es wurde ein aufregendes Spiel. Noch nie waren die Ostereier so oft von einem Teller auf den anderen gewandert. Sie verloren Glanz und Farbe, wurden grau und unansehnlich. Wir wurden nicht ins Bett geschickt. Wir spielten, bis das Petroleum in der Lampe zu Ende ging und der Docht zu blaken begann. Fräulein Weber wurde die große Gewinnerin.

«Glück im Spiel», scherzte Vater, «Ungl . . .»

«Alfred!» warnte Mutter.

Fräulein Weber schien seine Bemerkung überhört zu haben. Neidlos sahen wir zu, wie sie ihre Schätze zählte. Keine Frage, daß sie uns ihre unappetitliche Beute wie gewöhnlich überlassen würde. Wir hatten uns geirrt. Sie steckte eins der Eier in den Mund und zerbiß es, knurps, knurps. Vater machte ein Gesicht, als werde er vor Freude gleich in die Hände klatschen. «Schmecken gut, nicht?» fragte er erwartungsvoll.

Ihre Blicke kreuzten sich. Einen Augenblick war es so still, daß man vom Bücherschrank her das Nagen einer Maus hörte. Der Mund des Fräuleins, schon zum «Gr . . .» geöffnet, schloß sich wieder.

«Vorzüglich», sagte sie – und nach einer kleinen Pause noch einmal: «Wirklich vorzüglich.»

Dann stand sie auf und verließ mit ihrem Gewinn das Zimmer. Vater sah ihr mit einem gewissen Glitzern in den Augen nach. «Eine attraktive Person.»

«Also das nun wirklich nicht», widersprach Mutter, «bei den Basedowaugen.»

«Deine Worte, hast du selbst gesagt», sagte Vater mit falscher Sanftmut.

Arbeit ist nicht das Wichtigste

Bei der Berufswahl erliegt der junge Krebs-Typ oft dem Einfluß seiner Umgebung. Nicht selten wählt er den Beruf des Vaters, es sei denn, aus lauter Auflehnung entschließt er sich für einen Beruf, der der Familientradition radikal entgegengesetzt ist.

Angesichts der beiden großen Krebs-Typ-Gruppen zeichnen sich auch zwei Hauptberufsrichtungen ab:

Die *vegetativen*, passiven Krebs-Typen neigen zu «automatisierter» Arbeit. Sie halten sich an die Regel von der Ökonomie der Kräfte; mit «angeborener Mechanik» werden sie zu gut funktionierenden Automaten, die mit stets gleichbleibender Intensität die einmal gelernten Arbeitsgänge verrichten. Haben sie sich einmal daran gewöhnt, so bedarf ihre Arbeit nur noch geringer Verstandeskontrolle.

Die *nervösen* und aktiven Krebs-Typen wählen den entgegengesetzten Weg: Sie neigen zu einer Tätigkeit, bei der sie nach Lust und Laune gehen und kommen können und die ihrer Phantasie freien Lauf läßt. Sie leben in eigenartigem Rhythmus von Trägheit und Hochdruck; sie sind geschaffen für eine Arbeit mit mannigfachen Möglichkeiten, die ihr Interesse unablässig wachhält.

Beide Krebs-Gruppen aber überlassen es im Grunde

lieber dem Schicksal, zu entscheiden, wie sie ihre Fähigkeiten einsetzen sollen!

Berufliche Einordnung

Neigungen:
Narzißmus, Passivität, Abhängigkeit

Funktionen:
dienen, kosten, sehen, sich zeigen

Objekte:
Ernährung, Bekleidung, Tiere, Kinder, Wasser, Flüssigkeiten

Handlungen:
gestalten, reproduzieren, unterhalten, erziehen, betreuen, zur See fahren

Orte:
Gaststätten, Lebensmittelgeschäfte, Kindergärten, Badeplätze, Gärten, Wälder, Straßen, Markthallen, Jahrmärkte, Schaubuden und Zirkusse

Das liebe Geld

Vertrauen auf Fortuna

Man kann nicht behaupten, der Krebs-Typ sei ein großer Geldverdiener! Seine Haltung in Geldfragen wird im allgemeinen bestimmt von seiner Schüchternheit. Einem weitgesteckten Ziel nachzueifern, ein Abenteuer zu wagen, Geld zu verdienen ist nicht seine starke Seite. In passiver Einstellung verscherzt er viele Möglichkeiten: Er ist wenig ehrgeizig, er strengt sich nicht gerne an, er gibt sich lieber mit wenig zufrieden. Die Alltagssorgen brechen seinen Widerstand, schnell flüchtet er in den Schutz der Familie. Aber dies kostet ihn, Stück für Stück, seine Freiheit. Unter abweichenden äußeren Voraussetzungen ist es stets das gleiche Lied: La Fontaine führte ein sorgloses Leben und wurde ständig unterstützt; Schubert war unfähig, aus seinen Werken Gewinn zu ziehen; Corot ließ sich von Kunsthändlern ausbeuten; Proust lebte vom Familienvermögen; Modigliani bot auf der Terrasse des Kaffeehauses «La Rotonde» in Paris ein Porträt für ein Glas Schnaps an, das er in einem Zug austrank; Rembrandt ruinierte sich durch Spekulationen mit Schiffahrtspapieren ...

Diese Passivität treibt den Krebs-Typ dazu, blindlings auf Göttin Fortuna zu hoffen; er versucht sein Glück in der Lotterie, er hofft auf einen unerwarteten Gewinn, auf ein Wunder ...

Der Krebs-Chef – harter Kopf und weiches Herz

Der ernsthafte, schwer arbeitende Krebs-Chef hat keinen Sinn für Ausgelassenheit während der Arbeit. Sein Humor zeigt sich vielleicht, wenn ein Konkurrent zu selbstsicher ist oder wenn Sie um Gehaltserhöhung bitten, bevor Sie etwas geleistet haben. Solche Situationen bringen ihn zum Lachen, anderes selten. Hinter diesem entschiedenen Berufsgesicht und dem schneeweißen Kragen steckt genug Humor, aber er kommt nur sparsam zu Wort. Und so werden sieben Stunden und neunundfünfzig Minuten eines Achtstundentages humorlos sein, wenn nicht grimmig.

Ich möchte Ihnen keine Angst einjagen. Es ist nur so, daß Ihre Stellung unter einem Krebs-Chef wesentlich sicherer ist, wenn Sie auf Ihre Bügelfalten achten, Ihren Scheitel gerade ziehen und Ihr Gehirn auf Hochglanz polieren, als wenn Sie statt dessen ein paar tolle Witze erzählen. Der Humor Ihres Chefs ist außer Dienst, wenn er hinter dem breiten Schreibtisch sitzt, auf dem links das Foto seiner Mutter und rechts das Gruppenfoto seiner Familie steht.

Der Krebs-Chef hat seine Stellung nur aus einem Grund. Er will Geld verdienen. Punkt. Geld. Es wird aus verschiedenfarbig bedrucktem Papier hergestellt, und in den Ecken befinden sich Ziffern, die angeben, wieviel

Macht, Ansehen und Luxus man damit kaufen kann. Man tauscht es gegen harte Arbeit um. Je mehr man arbeitet, desto mehr von diesem bedruckten Papier erhält man und desto höher sind die Zahlen in den vier Ecken. Das ist seine Philosophie, kurz gefaßt. Es wäre klug, wenn Sie sich darauf einstellten.

Sie halten Ihren Chef für etwas pedantisch, nicht wahr? Wenn er sich mehr gehenließe, nicht so streng bei allen Fehlern wäre und eine freundlichere Atmosphäre um sich schaffen würde, wäre er nicht nur erfolgreicher, er wäre auch glücklicher. Haben Sie sich das gedacht? Sehen Sie sich einmal eine Ausgabe von «Wer ist wer in Handel und Industrie» an. Die Sommergeburtstage überwiegen, und der Juli wird am häufigsten vertreten sein. Der Krebs muß wohl doch recht haben.

In welchem Geschäftszweig er auch sein mag, der Krebs-Chef ist in seinem Element, wenn es um Handel geht. Er ist ein Meister in der Kunst, herauszufinden, was die Leute wollen, und es mit beträchtlichem Profit zur Verfügung zu stellen.

Die Verlockung des Geldes kann ihn sogar dazu verführt haben, die Ausbildung für den ersehnten Beruf aufzugeben und ein Selfmademan zu werden. Wenn nicht, hat er sich sein Studium wahrscheinlich als Werkstudent verdient. Es ist anzunehmen, daß er bereits mit sechs oder sieben Jahren an der Ecke Brot oder Milch einkaufte und seiner vernarrten Mutter dafür zehn Pfennig abverlangte. Fragen Sie ihn, wann er seine erste bezahlte Stellung antrat. Sie werden vermutlich höchst erstaunt sein. Aber es wird Ihr Ansehen bei ihm heben. Er wird Sie respektieren und sich merken, daß Sie richtig denken. Übrigens, beachten Sie, was er sich alles merkt. Er hat ein Gedächtnis wie ein Elefant. Er merkt sich, wann Sie morgens kommen, zu welcher Zeit Sie gehen und wie oft Sie sich die Hände waschen. Aber er wird auch wissen, wie oft Sie Überstunden machen, und nie vergessen, daß Sie einmal ein ganzes Wochenende geopfert haben, als ein Vertrag auf dem Spiel stand. Sie werden gerecht, ja, sogar großzügig dafür entlohnt.

Es kann sein, daß er Reichtum und Stellung geerbt hat, aber der Krebs-Chef wird sich selten auf Familienlorbeeren ausruhen. Er muß beweisen, daß er selbst das Vermögen vermehren kann. Habgierig ist er jedoch nicht. Er ist mitfühlend und wohltätig, ohne naiv zu sein. Keiner kann so großherzig und freigebig sein, wenn der Empfänger der Hilfe würdig ist und es wirklich niemand anders gibt, der helfen kann. Aber bedenken Sie, daß ein großer Unterschied besteht zwischen wirklicher Wohltätigkeit und unbesonnenen, gewagten Unternehmungen. Der Krebs hat ein weiches Herz, aber keinen weichen Kopf.

In Wirklichkeit ist Ihr Krebs-Chef ein tief empfindsamer, zartfühlender Mensch, und im Grunde ist er unsicher. Durch den Erfolg verliert er viele seiner inneren Ängste, und darum läuft er ihm so nach. Wenn er sich verletzt fühlt, und das mag bei weitem häufiger sein, als Sie denken, verkriecht er sich in seine harte Schale. Auf diese Art verteidigt sich der Krebs auch, wenn etwas nicht nach seinen Wünschen verläuft. Der Krebs, der sich in seine Höhle zurückgezogen hat, tut den Leuten oft leid, und sie versprechen ihm Gott und die Welt, nur damit er wieder hervorkommt.

Es gibt auch viele weibliche Krebs-Chefs. Fast jede Krebs-Frau, die Sie kennen, hat irgendwann in ihrem Leben gearbeitet, arbeitet jetzt oder ist Ihre Chefin. Sie mag in die Liebe verliebt sein, aber ihr Beruf ist ein echter Konkurrent, der manchmal sogar das Übergewicht gewinnt. Seelische Geborgenheit allein macht die Krebs-Frau nicht glücklich, wenn es auch manchmal so scheint.

Für alle Krebse besteht das Glück aus zwei Hälften – Geld und Liebe. Der weibliche Krebs verabscheut die Hausarbeit. Wenn Sie etwas anderes gehört haben, so liegt das an der Liebe der Krebs-Frau zu ihrer Küche. Davon abgesehen, würden sich diese Frauen mit all ihrer Empfindsamkeit viel lieber in der Welt der Männer bewähren, als sich mit der täglichen Routine von Staubwischen und Fegen und Fegen und Staubwischen abzuplakken. Sie geben es nicht gern zu, und ihre Häuslichkeit, ob ordentlich oder unordentlich, ist auch meist sehr gemütlich, aber typische Hausfrauen sind sie nicht. Die weiblichen Krebs-Chefs unterscheiden sich nicht viel von den männlichen. Mit einer Ausnahme. Sie tragen keine Hosen und weiße Hemden, sondern sie tragen ein freundliches Lächeln zur Schau, hinter dem sie ihr weiches Herz und ihren scharfen Verstand verbergen.

Alle Krebs-Chefs haben ein starkes Einfühlungsvermögen. Sie verstehen alles, was Sie sagen, genauestens, und das unheimliche an der Sache ist, daß sie auch scharfsichtig genug sind, selbst das zu erfassen, was Sie nicht ausgesprochen haben. Also passen Sie auf! Krebse sind nicht eigentlich Einzelgänger. Es mag einem so vorkommen, wenn man sie gerade in trüber Stimmung erwischt, aber gewöhnlich umgeben sie sich mit Menschen. Die meisten Krebse fürchten die Einsamkeit. Ausgenommen sind die, die frühzeitig im Leben verletzt worden sind und deshalb die Einsamkeit suchen. Aber sogar sie fühlen sich elend, wenn sie allein sind, nur sind sie sich dessen vielleicht nicht bewußt.

Es ist gut, für einen Krebs-Chef zu arbeiten. Sie lernen von ihm in einem Monat mehr als von anderen Chefs in einem Jahr. Das Wichtigste, das Sie lernen, ist Rücksichtnahme. Der Krebs-Chef wird zwar bei jedem Geschäft seine Interessen verfolgen, aber er ist immer anständig dabei. Er mißt sich mit seinesgleichen und wird den Unerfahrenen nie übervorteilen. Im Grunde ist er ein gutherziger Mensch, der bei Grausamkeit und Unglück zu tiefem Mitleid gerührt wird. Höflichkeit und Mitgefühl sind keine altmodischen Worte für ihn. Wenn Sie ernsthafte Vorsätze haben und ehrlich sind, wird er Sie im Fall von boshaften Gerüchten und persönlichen Schwierigkeiten decken.

Der Krebs wartet geduldig und ausdauernd. Sein Verstand ist wach und praktisch, aber sein Herz träumt. Die Träume können so magisch sein wie der Mondschein, der ihn bewegt. Sie können ihn auf eine herrliche Reise um die Welt führen, aber sie können ihn auch dazu anspornen, ein großes Unternehmen aufzubauen, das seinen Gewinn der wissenschaftlichen Forschung stiftet. Jeder Traum jedoch beruht auf einer gesunden Grundlage.

Wenn Sie Ihrem Krebs-Chef unbedingt den Witz erzählen wollen, tun Sie's in der Mittagspause und nicht während der Arbeitszeit. Wenn der Witz eine gute Pointe hat und sich um gewöhnliche Leute dreht, wird er lachen. Dann werden Sie sein wahres Wesen kennenlernen. Beobachten Sie seine Augen. Das Krebs-Lachen ist eine tapfere und gescheite Antwort auf die innere Angst und Verwundbarkeit, und nur der geduldige Krebs mit seinem zartfühlenden Herzen kann sie geben.

Der Krebs-Angestellte: loyal und bienenfleißig

Es ist immer angenehm, einen Krebs für sich arbeiten zu lassen, denn er arbeitet wirklich für einen. Er arbeitet nicht für Ruhm oder irgendeine phantastische Idee, und er wird morgens bestimmt nicht mit der Empfangsdame flirten. Für ihn ist die Arbeit nicht nur eine Möglichkeit, sein Selbstgefühl zu befriedigen, und er betrachtet sie auch nicht als vergnügliche Beschäftigung, mit der man die Zeit zwischen den Kaffeepausen ausfüllen kann. Er arbeitet aus dem einfachsten Grunde der Welt: für seine Sicherheit. Mit anderen Worten, für sein Gehalt.

Sie sollten sich darüber im klaren sein, daß das Gehalt des Krebses elastisch sein muß. Es muß sich allmählich immer weiter ausdehnen. Wenn er im Laufe der Zeit Erfahrungen sammelt und seine Treue, seine Talente und Fähigkeiten unter Beweis gestellt hat, dann erwartet er auch mehr Geld. Sein Einkommen muß immer seiner Arbeitsleistung entsprechen, und seine Arbeitsleistung wird ständig wachsen. Wenn die Bezahlung nicht mitwächst, sieht er sich gezwungen, völlig gegen seine Natur zu handeln, nämlich seine Stellung aufzugeben und woanders anzufangen. Der Krebs gibt nie leichten Herzens etwas auf – ob Zahnbürsten, Schuhbänder, Socken, Mädchen, leere Kugelschreiber oder Stellungen. Er greift fest zu, und man kann ihn schwer losreißen. Zuverlässigkeit und Ausdauer sind Eigenschaften, mit denen die Natur ihn verschwenderisch bedacht hat, und sie nützen ihm sehr bei seinem ehrgeizigen Aufstieg zum Erfolg. Vielleicht zittert und bibbert er ein wenig unterwegs, wenn die Haie erscheinen, aber das wird er, wenn er zielbewußt ist, tief in seinem Innern verbergen. Trotz der augenscheinlichen Milde der Krebse – das Zeichen Krebs gehört zu den Kardinalzeichen, und die Krebse wurden geboren, um Verantwortung zu übernehmen und zu führen, nicht um geführt zu werden. Sie nehmen Anweisungen des Chefs mit ruhiger Fügsamkeit hin, solange es erforderlich ist, aber vergessen Sie nicht, was hinter dieser Bereitwilligkeit steckt. Wenn der Krebs gehorsam dient, dient er seinem eigenen geheimen Zweck. Seine Stellung ist ein wichtiger Baustein in dem großen Gebäude, an dem er baut. Sowie der solide Bau steht, wird er die Führung übernehmen und herrschen. Das heißt, er zielt auf den Posten eines verantwortlichen Leiters hin. Das vergißt er keine Sekunde. Es ist besser, wenn Sie auch daran denken, aus naheliegenden Gründen.

Selten wird der Krebs vom Machttrieb bewegt. Er wird nicht, wie der Steinbock, aus Prestigegründen handeln oder um sein starkes Selbstgefühl zu befriedigen wie der Widder. Er strebt aus anderen Gründen nach Geld und Autorität. Die Krebse brauchen die Gewißheit, daß ihre Zukunft gesichert ist, damit sie schließlich dort leben können, wo sie mit dem Herzen sind – im Gestern. Dazu braucht man Geld. Antiquitäten sind teuer. Ebenso große, alte Häuser und üppige Mahlzeiten. Alte Handschriften oder gute Hifi-Geräte für klassische Musik sind auch nicht gerade billig. Außerdem benötigt der Krebs-Angestellte zuweilen beträchtliche Summen, um Verwandte in Not zu unterstützen. Es kann auch sein, daß eines seiner

Kinder plötzlich mehr Geld braucht. Und schließlich hat der Krebs viele Ängste, echte und eingebildete. Gefühle von Unzulänglichkeit und Minderwertigkeit werden durch Erfolg und Ansehen vertrieben wie Kopfschmerzen durch Aspirin.

Aber er braucht noch etwas: Zuneigung. Natürlich ist das nicht Ihr Gebiet. Immerhin, es ist gut, es zu wissen. Eines Tages werden Sie ihm vielleicht die Hand drücken oder warm Ihre Anerkennung aussprechen müssen, anstatt ihm eine Gehaltserhöhung zu geben. Es wird kein Ersatz für Geld sein, keineswegs, aber es bestärkt ihn vielleicht in der Absicht, etwas länger bei Ihnen zu bleiben.

Seien Sie also vorsichtig mit Ihren Krebs-Angestellten, auch mit den weiblichen. Leicht kann es hier zu Mißverständnissen kommen. Die Krebs-Frau ist Fremden gegenüber scheu und schüchtern, aber eine Aufforderung zum Flirt wittert sie meilenweit. Falls sie ledig ist, ist es gut, wenn Sie es auch sind, denn nehmen ihre Augen erst einmal den zärtlichen, besitzergreifenden Ausdruck an, werden Sie allerhand Schwierigkeiten haben, sich aus dem Netz zu befreien. Wenn sie verheiratet ist, wird sie Sie eiskalt abblitzen lassen, bis sie gebührend behandelt wird. Seien Sie liebevoll zu Krebsen, aber versuchen Sie dabei unpersönlich zu bleiben. Ich weiß, das ist leichter gesagt als getan, aber es ist der richtige Weg.

Familie und Heim spielen eine große Rolle bei den Krebsen. Wenn Sie Krebs-Angestellte haben, die eine Trennung oder Scheidung durchmachen, müssen Sie mit Problemen rechnen, die Ihr Personal auf Wochen hinaus durcheinanderbringen können. Krebse verbreiten nämlich leicht eine Atmosphäre von Trübsinn im Büro. Es ist schon schlimm genug, wenn sie verlassen werden. Kommt dazu noch – wie bei vielen weiblichen Angestellten – die Furcht vor finanzieller Unsicherheit, werden Sie bald ihre Zähigkeit kennenlernen, und sie ist nicht gering. Krebse beiderlei Geschlechts nehmen es sehr schwer, wenn die Familie auseinanderbricht.

Wenn Sie mit dem Krebs-Angestellten etwas besprechen müssen und Sie ihn Ihren Wünschen geneigt machen wollen, laden Sie ihn zum Essen ein. Krebse schwärmen dafür. Nicht nur, weil sie die Rechnung nicht bezahlen müssen, Essen bedeutet auch eine gewisse Sicherheit für sie. Beobachten Sie den Glanz in ihren Augen. Vielleicht ist Ihr Krebs-Mann gar kein großer Esser, aber es beruhigt und besänftigt ihn, wenn er einen Überfluß an Nahrungsmitteln sieht.

Krebse sind fleißige Arbeiter. Sie können sich darauf verlassen, daß sie unter allen Umständen regelmäßig und verläßlich ihre Arbeit verrichten – bis auf eine Ausnahme. Krebs ist ein Wasserzeichen, und Menschen, die unter einem der drei Wasserzeichen geboren wurden, lieben Flüssigkeiten jeder Art. Wenn die Planeten bei der Geburt ungünstig waren, kann eine dieser Arten recht hochprozentig sein. Krebse mit Alkoholproblemen sind selten, aber wenn Sie einen im Juli geborenen Angestellten haben, der sein ansteckendes Lachen zu oft hören läßt oder ständig melancholische Tränen vergießt, so trinkt er vielleicht etwas Stärkeres als Coca-Cola in den Pausen.

Glauben Sie nicht, daß alle Fische, Krebse und Skorpione nun heimlich trinken. Es ist zwar richtig, daß unter diesen Zeichen geborene Menschen ihre Sorgen häufig im Alkohol ertränken, doch darf man diese Neigung nicht grob verallgemeinern. Die meisten Krebse, mit denen Sie zu tun haben, werden nüchtern sein. Vielleicht sogar so nüchtern, daß Sie wünschen, sie würden sich bei einem Cocktail etwas gehenlassen.

Sie nehmen ihre Arbeit ernst und sich selbst noch mehr. Sie haben einen großartigen Sinn für Humor, der eine tiefe Einfühlung in die menschliche Natur verrät. Sollte aber jemand im Spaß eine empfindliche Stelle des Krebses treffen, kann dieser tief verletzt sein. Es ist besser, Sie lassen *ihn* die Witze reißen. Bei seiner Gutherzigkeit und seinem Taktgefühl wird er selten jemanden kränken. Der typische Krebs wirft nicht während der Arbeitszeit mit Pointen um sich, aber wenn Sie ihn zum Essen einladen, kann er Sie von der Vorspeise bis zum Dessert zum Lachen bringen. Krebse können brillante Gesprächspartner sein, wenn sie nicht zufällig schlechter Stimmung sind. Dann kann man ungefähr mit einem Wort pro Stunde rechnen. Sie können herrlich schmollen. Aber sie können auch fesselnd erzählen und ihre Zuhörer zu Lachstürmen hinreißen.

Krebse sind Gefühlsmenschen. Wenn man einen Freund braucht, kann niemand besorgter und mitfühlender sein. Aber keiner ist auch reizbarer, wenn er merkt, daß man ihm etwas fortnehmen will. Ist der Kontoauszug nicht in Ordnung, können Krebse noch Stunden später in mürrischem Schweigen verharren, und wenn sie das Gefühl haben, ein anderer habe ein Auge auf ihre Stellung geworfen, kann ihr Benehmen recht kindisch werden – ein Vorspiel zum Kampf auf Leben und Tod. Daß der Krieg erklärt worden ist, merkt das Opfer vielleicht erst, wenn der Sieg errungen ist. Krebse haben mehr Geheimnisse als James Bond und Sherlock Holmes zusammen. Selten geben sie ihre Absichten im voraus bekannt, und ihre geheimen Gedanken enthüllen sie fast nie.

Der Krebs leistet auf jedem Platz etwas, der seinen natürlichen Fähigkeiten entspricht. Oft ist er erfolgreich im Ein- und Verkauf und im Handel. Nahrungsmittelbetriebe und die Verpackungsindustrie ziehen viele Krebse an. Sie sind Maler und Bildhauer, Musiker und Schriftsteller, sie betätigen sich in Innenarchitektur und Entwurf, in Museen, im Rechnungswesen, in der Fürsorge, als Schauspieler und Regisseure, Fotografen und Gärtner. Auch Universität und Schule, Bankfach und Politik, Reedereien und Ölgeschäft sind ihr Gebiet. Und man findet Krebse als Geschäftsführer von Hotels und Restaurants, als Theaterintendanten und im Kreditwesen.

Ihre weibliche Krebs-Angestellte liebt Babys, Kinder, Männer, Blumen, gut geheizte Büros, Höflichkeit, Romantik, Kochen, Kino, Bücher und Geld. Sie ist feinfühlig, verantwortungsbewußt und außerordentlich tüchtig. Und launisch.

Ihr männlicher Krebs-Angestellter liebt Babys, Kinder, Frauen, Respekt, Bewunderung, gut geheizte Büros, Höflichkeit, Romantik, Kochen, Kino, Bücher und Geld. Er ist feinfühlig, verantwortungsbewußt und außerordentlich tüchtig. Und launisch.

Nun, können Sie den Unterschied zwischen dem Krebs-Jungen und dem Krebs-Mädchen am Strand erkennen? Beide Geschlechter sind liebenswürdig und verträumt und doch vernünftig und praktisch wie Flanellunterwäsche. Sie werden froh sein, daß Sie sie angestellt haben, wenn Sie beruflich mehr unterwegs sind, als Ihnen lieb ist. Es bereitet den Krebsen das größte Vergnügen, auf den Betrieb achtzugeben.

Theodor Storm

Späte Rosen

Ich befand mich in der Nähe einer norddeutschen Stadt auf dem Landhause eines Freundes. Wir hatten einen großen Teil der Jugend zusammen verlebt, bis wir fast am Schlusse derselben durch die Verschiedenheit unseres Berufes getrennt wurden. Während der zwanzig Jahre, in denen wir uns nicht gesehen, war er der Chef eines von ihm gegründeten bedeutenden Handlungshauses geworden; mich hatten die Verhältnisse in die Fremde getrieben und dort für immer festgehalten. Jetzt war ich endlich einmal wieder in der Heimat.

Die Frau des Hauses hatte ich bisher noch nicht gekannt. – Sie war nicht mehr jung; aber in ihren Bewegungen war noch die Leichtigkeit der Jugend, und ihre ruhig blickenden Augen waren von einer kindlichen Klarheit. Es herrschte zwischen diesen beiden Menschen, wie ich bald zu bemerken Gelegenheit hatte, eine gegenseitige, fast bräutliche Rücksichtnahme. Wenn sie zum Frühstück frisch gekleidet in den Saal trat, suchten ihre Augen zuerst nach ihm und taten an die seinen die stille Frage, ob sie ihm so gefalle. Dann verschwand für einen Augenblick die tiefe Falte von seiner Stirn; und er empfing ihre dargereichte Hand, als werde sie erst eben ihm geschenkt. Mitunter, wenn er in seinem Arbeitskabinett am Schreibtisch saß, trat sie aus ihrem Wohnzimmer oder aus dem davor liegenden Gartensaal und setzte sich schweigend neben ihn; oder sie war ungesehen hinter seinen Stuhl getreten und legte still die Hand auf seine Schulter, als müsse sie ihn versichern, daß sie in seiner Nähe, daß sie für ihn da sei.

Es war im Oktober an einem klaren Nachmittag. Mein Freund war eben, nach Beendigung seiner Geschäfte, aus der Stadt zurückgekehrt, und wir saßen nun, die alte Zeit beredend, auf der breiten Terrasse vor dem Hause, von der man über den tiefer liegenden Garten und über eine daran grenzende grüne Wiesenfläche auf das dunkle Wasser der Ostseebucht und jenseits dieser auf sanft ansteigende Buchenwälder hinaussah, deren Laub sich schon zu färben begann. Dies alles und der tiefblaue Herbsthimmel darüber war von den hohen Pappeln, die zu beiden Seiten der Terrasse standen, wie von dunklen Riesenkulissen eingefaßt. – Die Frau meines Freundes war, ihr jüngstes Töchterchen an der Hand, aus der offenen Flügeltür des Gartensaals getreten und mit einem stillen Lächeln an uns vorübergegangen; sie wollte sich nicht in unsere Schattenwelt drängen, an der sie keinen Teil hatte. Nun stand sie mit dem Kinde auf dem Arm am Rande der Terrasse und blickte einem vorüberziehenden Dampfschiffe nach, dessen Rädergebrause schon eine Zeitlang die Stille der Landschaft unterbrochen hatte. Ihre hohe Gestalt, die Umrisse ihres edlen Kopfes hoben sich deutlich gegen den dunklen Himmel ab.

Unser beider Augen mochten ihr unwillkürlich gefolgt sein, denn das Gespräch verstummte. Ich langte gedankenlos nach den Trauben, die in einer Kristallschale vor uns auf dem Marmortische standen.

«So hat es kommen müssen», sagte ich endlich, indem ich den Gegenstand unserer Unterhaltung noch einmal wieder aufnahm, «ich, der sogar mit Kastanien und Kirschensteinen Handel trieb, wurde ein Mann der Wissenschaft; und du – wo sind deine Trauerspiele geblieben, die du als Sekundaner schriebst?»

«Die italienische Buchführung», erwiderte er lächelnd, «ist ein scharfes Pulver gegen die Poesie; und gleichwohl habe ich noch den festen Willen hinzutun müssen, damit das Mittel anschlug.»

Er sah mich mit seinen dunklen Augen an, die noch den idealen Zug verrieten, der ihn in seiner Jugend auszeichnete.

«Es mag dich Mühe genug gekostet haben», sagte ich.

«Mühe?» wiederholte er langsam –; «es ist vielleicht das wenigste, was es mich gekostet hat.» Und dabei flog ein Blick zu seiner Frau hinüber, von einer solchen Energie der Zärtlichkeit, von einer Freude des Besitzes, als habe er die Geliebte erst vor kurzem sich errungen.

Unwillkürlich mußte ich eines kleinen Vorfalls am ersten Tage meines Hierseins gedenken. Damals, beim Eintritt in das Arbeitskabinett meines Freundes, fiel mein erster Blick auf das neben seinem Schreibtisch hängende Bildnis eines schönen jugendlichen Mädchens. Es war in Öl gemalt, in klaren lichten Farben und von einer wahrhaft leuchtenden Heiterkeit und Lebensfrische. Auf meine Frage, wen es vorstelle, erwiderte Rudolf: «Es ist das Bildnis meiner Frau. Das heißt», setzte er hinzu, «des Mädchens, das später meine Braut und dann meine Frau geworden ist. Es war für die Großeltern gemalt und ist aus deren Nachlaß an sie zurückgelangt.» Er war bei diesen Worten gleichfalls vor das Bild getreten, während ich in Gedanken die jugendlichen Züge mit denen der nur noch flüchtig gesehenen Frau verglich. – Als ich nach einer Weile mich zu ihm wandte, trug sein Antlitz den unverkennbaren Ausdruck einer fast schmerzlichen Innigkeit, den ich mir bei meinem längeren Aufenthalte immer weniger zu erklären wußte. Denn dieses Mädchen war ja sein geworden; sie lebte und – so schien es – sie beglückte ihn noch jetzt.

Nun, als in diesem Augenblick die schöne ruhige Gestalt vor uns von der Terrasse in den Garten hinabstieg, und da ich nicht fürchtete, eine ungeheilte Wunde zu berühren, vermochte ich meine damalige Beobachtung nicht länger zu verschweigen.

«Was war das, Rudolf?» sagte ich und nahm die Hand meines Jugendfreundes, «sage mir es, wenn du es kannst!»

Er blickte noch einmal in den Garten hinab, hinter dem aus den Wiesen schon die Abendnebel aufzusteigen begannen; dann strich er das schlichte Haar von seiner Stirn und sagte mit dem herzlichen Ton seiner mir einst so vertrauten Stimme: «Es ist kein Unrecht dabei, und auch kein Unheil; ich kann es dir schon sagen – soweit so etwas überhaupt sich sagen läßt. – Du hast es seinerzeit aus meinen Briefen erfahren, wie ich meine Frau vor nun fast fünfzehn Jahren in meinem elterlichen Hause kennenlernte. Sie besuchte meine Schwester, mit der sie im Bade auf unseren Westsee-Inseln zusammengetroffen war. Ich lebte damals in der angestrengtesten und aufreibendsten Tätigkeit. Ein Kompagnon, auf dessen Mitteln ein Teil des kaum aufgeführten Handelsgebäudes ruhte, war plötzlich ausgeschieden, und das Fehlende mußte auf andere Weise und in kürzester Frist ersetzt werden. Dazu kam die Errichtung der Dampfschiffahrts-Sozietät, die ich schon derzeit im Plane hatte, dessen Ausführung aber die Eifersucht unserer Nachbarschaft immer neue Hindernisse entgegenstellte. Ich bedurfte, wenn ich den Tag in Arbeit und Aufregung hinbrachte, einer ermutigenden Teilnahme, eines Zufluchtsortes, an dem ich mein Herz ausruhen konnte. Beides fand ich bei der jungen Freundin meiner Schwester. Abends im elterlichen Garten, beim Auf- und Abwandeln zwischen den Ligusterzäunen, waren meine Pläne und meine Sorgen der Gegenstand unserer Gespräche; sie hatte ein Ohr und Verständnis für alles. Die Einfachheit und Sicherheit ihres Wesens, die du neulich am ersten Tage deines Hierseins an ihr bewundertest, waren schon damals vorhanden. Doch auch der Mutwille der Jugend war ihr nicht fremd. Ich erinnere mich eines Abends, wo ich den beiden Mädchen an dem alten Gartentisch in der Laube gegenübersaß. Es war an diesem Tage aller Art Unglück für mich hereingebrochen. In einem augenblicklichen Anfalle von Mutlosigkeit rief ich aus: ‹Es geht am Ende dennoch über meine Kräfte!› Sie antwortete nicht darauf; aber sie stützte schweigend das Kinn in ihre Hand und sah mich eine Weile wie mit zürnenden, erstaunten Augen an. Dann wandte sie den Kopf zu meiner Schwester und sagte lächelnd: ‹Siehst du! Er glaubt schon selbst nicht mehr daran!› Und sie hatte recht; schon in den nächsten Wochen fühlte ich, daß meine Kräfte reichten. Es verstand sich endlich fast von selbst, daß sie ihre Hand in meine legte; daß ich sie festhielt. Andere sagten mir von ihrer Schönheit; ich sah sie darauf an; ich hatte nie daran gedacht und dachte auch ferner nicht daran. So ward sie meine Frau; eine Genossin des Lebens, das der Tag mir brachte und in immer erneuter Aufgabe zur Lösung vor mich hinstellte. Du wirst dich dessen erinnern – denn ich habe dir damals öfter geschrieben –, wie von nun an ein Wirrsal nach dem andern gelöst wurde. Mir war dabei fast, als geschehe es durch ihre Hand; denn sie an ihrem Platze wußte alles zur rechten Zeit zu tun; sie verstand die stumme Sprache der Dinge, gleich der Goldmarie des Märchens, die es im Vorübergehen aus den Bäumen rufen hört: ‹Schüttle uns, wir Äpfel sind alle miteinander reif!› – Schon nach einigen Jahren vermochte ich dies Landhaus zu erstehen und unseren einfachen Wünschen gemäß einzurichten. Aber mit dem Glück, das mich begünstigte, mehrten sich auch meine Geschäfte; ich hatte nicht sie, sie hatten mich; ich war eingefangen in einem Netz von Kombinationen, deren eine immer die andere ablöste; alle Kräfte meines Geistes waren in diesen einen Dienst gegeben, der sie Tag für Tag in Anspruch nahm.»

Mein Freund hielt inne; seine älteste, zwölfjährige Tochter war aus dem Hause zu uns getreten und fragte nach der Mutter. Er nahm sie in seinen Arm und horchte nach dem Garten hinunter. Drüben von dem Glashause her, das mit seinem weißen First neben der Gartenmauer aus dem Gebüsch ragte, hörte man das Lachen der Kleinen und dazwischen wie beschwichtigend die Stimme der Mutter. «Geh, Jenni!» sagte er lächelnd. «Es sind zwei große Feigen reif; ihr dürft sie nehmen!» – Sie nickte, und fort war sie; die Treppe hinab und durch die Rasenpartien, welche sich unterhalb der Terrasse ausbreiteten, seitwärts im Gebüsch verschwunden.

Der Vater sah ihr einen Augenblick nach; dann fuhr er fort: «Es war im Frühling eines Sonntagnachmittags; das schlanke Mädchen, das wir eben zur Mutter hinabgeschickt, mochte damals kaum ein halbes Jahr zählen. Der Gartensaal hier an der Terrasse war eben ausgemalt, die Frühlingssonne beschien den Estrich, und durch die offenen Flügeltüren drang der Duft der sprießenden Blätter und Knospen. Ich hatte, auf dem Sofa sitzend, ein Buch zur Hand genommen, desgleichen mir seit langem nicht mehr vor Augen gekommen war; ich weiß nicht, gedachte ich deiner und unserer einst so eifrig betriebenen altdeutschen Studien, oder wollte ich mich nur vergewissern, daß hier außen für mich eine andere Welt sei als drüben in der Stadt zwischen den dunklen Wänden meiner Schreibstuben. Es war Meister Gottfrieds Tristan, den ich aufgeschlagen hatte. In einiger Entfernung mir gegenüber am Fenster saß meine Frau mit einer weiblichen Arbeit beschäftigt; nebenan im Zimmer schlief das Kind in seiner Wiege. Es war alles still; nichts störte mich, mit Tristan und Isote die Meerfahrt zu beginnen.

Die Kiele streichen hin; in der einsamen Mittagsstunde sitzt Isote auf dem Verdeck. Der Sommerwind weht in ihren goldenen Haaren; aber ihre Augen quellen über, aus Weh nach der Heimat, aus Furcht vor der Fremde, wo sie des greisen Königs Gemahl werden soll. Tristan will sie trösten; aber sie stößt ihn zurück; sie haßt ihn, weil er ihren Ohm Morolt erschlagen hat. Die Luft geht schwül, sie dürstet. In der Schiffskemenate, schlecht verwahrt, steht der Minnetrank, der Isotes Herz dem alten Bräutigam entzünden soll. Ein kleines Fräulein ruft: ‹Seht, hier steht Wein!› und Tristan bietet ahnungslos der Königin den Becher.

Sie trank mit Zaudern, ihr war so schwer,
Und gab es ihm; da trank auch er.

Und nun beginnt das Zauberspiel des alten Dichters; wir leben mit ihnen in ihrem Zweifel und in ihrer Herzensgier, wie sie nicht wollen und doch müssen, wie sie noch glauben, frei zu sein, und dennoch fürchten, es zu werden. Unaufhaltsam quellen die süßen Verse hervor; mit ihrer heimlich dringenden Weise betören sie das Herz. Ich sah sie vor mir, das schöne jugendliche Paar, wie sie zusammen am Bord des Schiffes lehnen. Sie blicken hinaus über das Wasser, um nicht zu sehen, wie ihre Hände heimlich ineinander ruhen; und während sie ganz einer in dem andern trunken sind, reden sie wie zufällig fremde Worte, von Meer und Nebel, von Luft und See.

Der Duft des Bechers, den der alte Meister seinem Leser so nahe zu bringen weiß, stieg auf und begann auch an mir sein Zauberwerk zu üben. Durch die Dichtung wurde etwas in mir bewegt, was das Leben bis dahin hatte schlafen lassen; ich hatte diese andere Welt nicht kennengelernt, die Tristan und Isoten nun ihre eigenen unerbittlichen Gesetze aufnötigt; mit der der Dichter selbst, wie er zu Anfang seines Werkes sagt, verderben und gedeihen will.

Ich sah von dem Buch zu meiner Frau hinüber. Damals, mein Freund, lag noch der Duft der Jugend auf ihren Wangen. Durchs Fenster fielen die Schatten der jungen Pappelblätter auf ihre Stirn und bewegten sich leise hin und wider, während sie die Augen auf ihre Arbeit niedergeschlagen hatte. – War sie nicht ebenso schön wie ‹der Minne Federspiel, Isot›? Oder war der Minnebecher kein bloßes Symbol, und bedurfte es wirklich des geheimnisvollen Trankes, um diesen holden Wahnsinn zu erschaffen?

In diesem Augenblick erwachte nebenan das Kind. Die junge Mutter stand auf und warf die Arbeit hin; aber während sie durch den Saal ging, sah sie mich mit ihren schönen heitern Augen an und winkte mir, ihr zu folgen.

Ich mußte lächeln. ‹Was willst du noch?› sagte ich halblaut zu mir selbst und schlug das alte Zauberbuch zu. Und schon war sie zurück und brachte mir das Kind, das die großen verschlafenen Augen gegen die helle Frühlingssonne aufriß.

So blieb es ruhig zwischen uns, wie es gewesen war. Ein Jahr nach dem andern ging dahin; und in währender Zeit verblühte allmählich die schöne jugendliche Frau an meiner Seite. Ich sah es nicht; ich hatte kein Auge dafür, wie die Züge ihres lieben Angesichts unmerklich den weichen Umriß der Jugend verloren, und wie der Seidenglanz ihres blonden Haares erlosch; nur ihres geistigen Wesens wurde ich mir immer klarer bewußt; ich fühlte deutlich, wie es sich immer fester begründete, und ebenso, wie ich sie immer mehr verehrte.

Vor drei Jahren wurde uns noch eine zweite Tochter geboren – horch nur! Sie sind im Glashause; wie sie mit der Schwester disputiert!

Indessen hatten sich meine Arbeiten allmählich vereinfacht; die Geschäfte gingen ihren geordneten Gang, so daß ich manches andern Händen überlassen konnte. Mein Leben gewann endlich wieder Raum für andere Dinge. Da das Notwendige ohne Zwang geschehen konnte, so machte sich der dem Menschen eingeborene Drang nach Schönheit wieder geltend. Ich gab dem Garten seine jetzige Gestalt und ließ dort unten das Rosarium anlegen. – Du hörtest schon, daß sie die Rosen vor allen andern Blumen liebt. – Im Jahre darauf wurde hinter demselben der geräumige Pavillon erbaut. Das Holzmosaik des Fußbodens, die Sessel und was sonst an Gerät hineingehörte, ließ ich nach Zeichnungen eines befreundeten Architekten von geschickten Handwerkern anfertigen; die hohen Fenster wurden zur Hälfte mit hellgrauen seidenen Gardinen verhangen, so daß ein gedämpftes wohltuendes Licht entstand. Hier in dieser Gartenstille las ich zum erstenmal in ungestörtem Zusammenhange die alten ewigen Gesänge, die Odyssee – die Nibelungen; ich las sie laut, denn sie saß neben mir und hörte, und ihre fleißigen Hände ließen unbewußt die Arbeit ruhen. Auch die Hausmusik war nicht vergessen; mir hatte das Leben keine Zeit zur Ausübung einer Kunst gelassen, aber meine Frau verstand es, zu singen, und sie hatte es schon immer gern in meiner und der Kinder Gegenwart getan. Nun traten andere hinzu, die ein Gleiches leisteten; denn unmerklich hatte sich uns ein kleiner Kreis teilnehmender und gleichgesinnter Menschen angeschlossen.

So war im Juni vorigen Jahres mein vierzigster Geburtstag herangekommen. – Die Frühsonne weckte mich; sonst schlief noch alles. Ich kleidete mich an und ging durch das schweigende Haus auf die Terrasse. Der Rasen unterhalb derselben war noch in tiefem Schatten; nur die Spitzen der Bäume und der goldene Knopf des Gartenhauses leuchteten in der Morgensonne; drüben auf dem Wasser lag noch der weiße Nebel, aus dem die schwankende Spitze eines Mastes nur dann und wann hervorsah. Ich stieg langsam in den Garten hinunter, ganz erfüllt von dem Gefühl der süßen unberührten Frühe; ich trat leise auf, als fürchte ich den Tag zu wecken.

Am vorhergehenden Abend war ich wieder einmal über Meister Gottfrieds Tristan geraten und hatte mich ganz in das alte Buch vertieft. Es waren die letzten Blätter, die diese anmutige Dichterhand geschrieben.

Der Minnetrank hat seine Zauberkraft bewährt. Die schöne Königin Isote und Tristan, des Königs Neffe, sie konnten voneinander nicht lassen. Der alte langmütige König hat endlich die Schuldigen verbannt; der Dichter aber tut seinem klopfenden Herzen Genüge und führt seine Lieblinge fern von den Menschen in die Wildnis. Kein Lauscher ist ihnen gefolgt; die Sonne scheint, die Kräuter duften; in der ungeheueren Einsamkeit nur sie und er; um sie her der säuselnde Wald und unsichtbar in den Lüften der unablässige Gesang der Vögel. Sie wandeln im Abendschein durch die Wiese, hin wo der kühle Bronnen klingt; dort sitzen sie wieder unter der Linde und blicken zurück nach der Felsengrotte, wo sie die Nacht zusammen ruhten. Sie reiten bei Sonnenaufgang durch taubenetzte Heide auf die Pirsch, die Armbrust in der Faust, die Rosse aneinander drängend, Isotens goldenes Haar um Tristans Schultern wehend.

In der stillen Morgenluft stiegen die Bilder der Dichtung wie Träume in mir auf. – Indessen war die Zeit vorgerückt; die Sonne schien warm auf die Gartensteige, die Blätter tropften, die Wohlgerüche der Blumen verbreiteten sich, und in den Lüften begann das feine Getön der Insektenwelt. Ich empfand die Fülle der Natur, und ein Gefühl der Jugend überkam mich, als läge das Geheimnis des Lebens noch unentsiegelt vor mir. Ich beschleunigte meinen Schritt, ich trat fester auf; unwillkürlich streckte ich den Arm aus und brach einen blühenden Zweig von dem Gebüsch, das nebenan im Rasen stand. – Unten vor dem Pavillon standen noch die Gartenstühle, wie wir sie am Abend verlassen hatten; an den verschlossenen Läden rieselte der Tau herab. Ich nahm den Schlüssel aus seinem Versteck unter der Treppenstufe und sperrte die Türen auf, damit die Morgenluft hineindringen könne. Dann ging ich zurück, rüttelte im Vorübergehen an der verschlossenen Tür des Glashauses und trat nach einer Weile durch den Gartensaal in das Wohnzimmer meiner Frau. Es rührte sich noch nichts im Hause, die Morgenruhe lag noch in allen Winkeln. Aber ein starker Rosenduft schien die Nähe eines Geburtstagstisches zu verraten. – Als ich die Tür meines Arbeitszimmers öffnete, fielen meine Augen auf ein Ölgemälde in ovaler Medaillonform, das angelehnt auf meinem Schreibtisch stand. Es war das lebensgroße Profilbild eines Mädchenkopfes; über dem schweren Goldrahmen, der es einfaßte, lag eine Girlande von vollen roten Zentifolien. – Der Kopf war ein wenig zurückgeworfen, das glänzende blonde Haar schien erst eben von einer leichten Hand zurückgestrichen; auf den halbgeöffneten Lippen lag der köstliche Übermut der Jugend.

Ich stand atemlos und starrte das schöne jugendliche Antlitz an; mir war, als dürfe ich meine Nähe nicht verraten, als könne von einem unvorsichtigen Hauche alles in

Duft verwehen. – Es mußte eine Welt von Frühlingssonnenlichtes sein, in welche diese jungen lachenden Augen hinaussahen. Ich neigte unwillkürlich das Haupt. Sie – sie wäre es gewesen; mit ihr wäre auch ich in jene Einsamkeit geflohen, nach der jedes Menschenherz einmal verlangt – –»

Rudolf faßte meine Hand.

«Und weshalb war sie es nicht gewesen? – Du kennst das Bild. Was ich gesehen, war nicht die Phantasie eines Malers, nicht etwa die blonde Königin Isote, die vielleicht niemals gelebt hat. Dies Antlitz vor mir hatte dem Leben, meinem eigenen Leben angehört; so war sie einst gewesen, die vor vielen Jahren ihre Hand in meine legte, die noch an meiner Seite lebte.

Ich blickte wieder auf, es ließ mich nicht; der Durst nach Schönheit überwältigte mich ganz. Der Anfang eines alten Liedes fiel mir ein: ‹O Jugend, o schöne Rosenzeit!› – sie hatte es damals in meinem elterlichen Hause oft gesungen. Ich streckte die Arme nach dem Bilde aus, als müsse sie so noch einmal wiederkehren, als sei diese süße jugendliche Gestalt noch nicht für immer der Vergangenheit anheimgefallen.

Da plötzlich, während mein Herz von Reue und von vergeblicher Sehnsucht zerrissen wurde, überkam mich ein Gedanke unzweifelhaften, unaussprechlichen Glückes. Sie, die das einst gewesen war, sie selber lebte noch; sie war in nächster Nähe, ich konnte schon jetzt, in diesem Augenblick noch bei ihr sein.

Ich verließ das Zimmer, ich suchte sie; aber sie war nicht mehr im Hause. Als ich in den Garten hinabging, kam sie mir unterhalb der Terrasse entgegen. Sie sah mich lächelnd an, als wollte sie in meinen Augen die Freude über ihr Geburtstagsangebinde lesen. Aber ich ließ ihr keine Zeit, ich faßte schweigend ihre Hand und führte sie in den Garten hinab. – Und wie sie in dem weißen Morgenkleide in ihrer mädchenhaften Weise neben mir ging, mit ihren stillen Augen mich fragend und erstaunt betrachtend, wie ihre Hand so leicht und hingegeben in der meinen lag, da konnte ich nicht erwarten, mich anbetend vor ihr niederzuwerfen; denn alle Leidenschaft meines Lebens war erwacht und drängte ihr entgegen, ungestüm und unaufhaltsam.»

Rudolf schwieg einen Augenblick; dann sagte er leise, indem er vor sich in das Abendrot blickte, das schon mit seinem letzten Schein am Himmel stand: «So habe auch ich noch aus dem Minnebecher getrunken, einen tiefen, herzhaften Zug; zu spät – aber dennoch nicht zu spät!»

Wir saßen schweigend nebeneinander; allmählich brach die Dunkelheit herein. Im Garten war alles still geworden; aber im Pavillon unten waren schon die Lichter angezündet und schienen durch die Büsche. Nun wurde ein Akkord angeschlagen, und von einer tiefen Altstimme gesungen klangen die Worte durch die Nacht:

O Jugend, o schöne Rosenzeit!

Quellennachweis

An dieser Stelle danken wir den nachstehenden Rechtsinhabern, die uns freundlicherweise den Nachdruck folgender Beiträge gestatteten: Fischer Verlag, Frankfurt: *José Antonio Muñoz Rojas · Die Kuh;* den Erben von Elisabeth Schnack: *Frank O'Connor – Die weinenden Kinder;* Scherz Verlag, Bern und München: *André Barbault · Stilles Glück im Winkel, Arbeit ist nicht das Wichtigste* und *Das liebe Geld* (aus: «Charakter und Schicksal des Menschen im Tierkreis»), *Ilse Gräfin von Bredow · Fräulein Gräßlich* (aus: «Kartoffeln mit Stippe»), *Carole Golder · Traumpartner der Liebe* (aus: «Die Kunst, ein Sternzeichen zu verführen»), *Linda Goodman · Sein Geheimnis in der Liebe* (aus: «Sternzeichen der Liebe»), *Der Krebs-Chef – harter Kopf und weiches Herz* und *Der Krebs-Angestellte: bienenfleißig und verläßlich* (aus: «Astrologie – sonnenklar»), *Liz Greene · Bewohner zweier Welten* und *Die dunklen Seiten* (aus: «Sag mir dein Sternzeichen, und ich sage dir, wie du liebst»), *Carola Martine · Sinnlichkeit im Zeichen des Krebses* und *So fängt man's an* (aus: «Die Sinnlichkeit der Sternzeichen») und *Joseph Polansky · Kleines Psychogramm* (aus: «Glückszeichen der Sterne»); Zsolnay Verlag, Wien: *H. G. Wells · Die verlorene Erbschaft* (aus: «Die Perle der Liebe»).

In jenen Fällen, in denen es nicht möglich war, den Rechtsinhaber resp. Rechtsnachfolger zu eruieren, konnte ausnahmsweise keine Nachdruckerlaubnis eingeholt werden. Honoraransprüche der Autoren oder ihrer Erben bleiben gewahrt.